AS CONFISSÕES

SANTO AGOSTINHO

AS CONFISSÕES

5ª edição

Versão e notas de
Jorge Pimentel Cintra

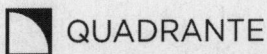 QUADRANTE

São Paulo
2023

Título original
Confessiones

Copyright © 2004 Quadrante Editora

Capa de
Quadrante

Ilustração da capa
Saint Augustin (séc. XVII; detalhe). Coleção
do *Los Angeles County Museum of Art*

Dados Internacionais de Catalogação na Publicação (CIP)

Agostinho, Santo, Bispo de Hipona, 354-430

As confissões / Santo Agostinho; versão e notas de Jorge Pimentel Cintra. — 5ª ed. – São Paulo : Quadrante, 2023.

Título original: *Confessiones*
ISBN: 978-85-7465-437-9

1. Agostinho, Santo, Bispo de Hipona, 354-430 2. Santos cristãos – Biografia 3. Teologia – História – Igreja primitiva, ca. 30-600 I. Cintra, Jorge Pimentel II. Título III. Série

04-6541 CDD-922.22

Índice para catálogo sistemático:
1. Santos : Igreja Católica : Autobiografia 922.22

Todos os direitos reservados a
QUADRANTE EDITORA
Rua Bernardo da Veiga, 47 - Tel.: 3873-2270
CEP 01252-020 - São Paulo - SP
www.quadrante.com.br / atendimento@quadrante.com.br

APRESENTAÇÃO

Santo Agostinho, como todo o verdadeiro clássico, transcende as categorias de espaço e de tempo. Sua mensagem difunde-se por todas as gerações de qualquer nação ou época histórica.

Como pai espiritual do Ocidente e homem eterno, não pode ser desconhecido pela cultura cristã e humanística. É nesse sentido que a presente edição vem propiciar aos seus leitores o contacto imediato com a obra sempre atual do grande Doutor da Graça.

A muitos puristas das letras e das artes, esta versão simplificada e livre das Confissões *de Santo Agostinho pode parecer supérflua, quando dispomos do original latino e de muito boas traduções integrais em língua portuguesa.*

No entanto, sem desmerecer a literatura e a retórica, devemos seguir de preferência os passos do próprio Agostinho quando afirma que essas artes em si mesmas pouco aproveitaram para a sua conversão. Com todo o respeito pelo original, que deve continuar a ser lido, cultivado e traduzido com toda a fidelidade, pensamos que é de vital importância proporcionar ao leitor um contacto direto com a Verdade e a Beleza, sempre antiga e sempre nova, que estas Confissões *se esforçam por transmitir.*

Este acesso poderia ser dificultado pelos recursos artísticos ou pelas formas literárias próprias de uma época e que talvez pouco digam ao leitor moderno, mais afeiçoado a ir direto ao cerne dos problemas e que, pelas próprias circunstâncias impostas pela vida, não dispõe das condições propícias e do tempo livre de que dispunham os antigos. E seria uma pena que distâncias com relação à forma literária impedissem a apreciação de uma magnífica mensagem.

Por essa mesma razão, pareceu-nos necessário introduzir algumas notas de pé de página, para facilitar a compreensão ao leitor menos familiarizado com determinados temas.

Nas Confissões *acompanhamos passo a passo o drama de uma alma na busca da felicidade, suas perplexidades, suas angústias, sua procura incessante. Representam o problema do homem eternamente insatisfeito que procura aquietar as ânsias de bem e de verdade que sente em seu interior.*

Nesse sentido, estas páginas, escritas com lágrimas e sangue, não são mero relato biográfico nem literatura que se possa ler friamente. São uma resposta viva às perguntas e dúvidas sinceras do homem de hoje, que após 15 séculos ainda vive a mesma aventura interior. São um perene chamamento à conversão pessoal, tarefa em que concorrem, num jogo maravilhoso, a liberdade humana e a graça divina, no contínuo voltar à casa do Pai que é a vida cristã.

Finalmente, uma advertência: Santo Agostinho abre-nos seu coração indômito com sinceridade e delicadeza, não para mostrar seus pecados e misérias, mas para, junto com o sal-

mista, cantar eternamente as misericórdias de Deus para com ele e para com cada um de nós.

São Paulo, maio de 1985.
Jorge Pimentel Cintra

O PODER DE DEUS

És grande, Senhor, e infinitamente digno de ser louvado! Grande é o teu poder, e incomensurável a tua sabedoria! E o homem pretende louvar-te, o homem que é um fragmento da tua criação, revestido de mortalidade, alguém que traz consigo o testemunho do seu pecado e a prova de que Tu *resistes aos soberbos!* Contudo, esse homem, uma partícula da tua criação, quer louvar-te. Tu mesmo o incitas a deleitar-se nos teus louvores, porque nos fizeste para ti e o nosso coração está inquieto enquanto não descansar em ti.

Concede-me, Senhor, que saiba e entenda se primeiro devo invocar-te e louvar-te, ou antes conhecer-te do que invocar-te. Mas quem te invocará se antes não te conhece? Porque, não te conhecendo, corre o perigo de invocar outro. Ou deverás ser invocado para depois seres conhecido? Mas *como invocarão Aquele em quem não acreditam? E como hão de acreditar se não houver quem lhes pregue?* Certamente, *louvarão o Senhor os que o procuram,* porque os que o procuram encontram-no, e os que o encontram louvam-no.

Que eu, Senhor, te procure invocando-te e te invoque crendo em ti, pois já me foste pregado. Invoca-te, Senhor, a minha fé, a fé que Tu me deste e inspiraste, pela humanidade do teu Filho e pelo ministério do teu pregador.

DEUS NO HOMEM E O HOMEM EM DEUS

Mas como invocarei o meu Deus, o meu Deus e o meu Senhor, se, ao invocá-lo, o invoco dentro de mim? E que lugar há em mim, para onde venha o meu Deus, o Deus que *fez o céu e a terra*? É verdade, Senhor, que há alguma coisa em mim que possa abarcar-te? Porventura te abarcam o céu e a terra, que Tu criaste e dentro dos quais também me criaste? Ou será que te abarca tudo o que é, porque nada de quanto é pode existir sem ti? Mas se eu sou efetivamente, por que peço que venhas a mim, quando eu não existiria se Tu não fosses em mim? Não estive no inferno, mas Tu também ali estás, porque, *se descer aos infernos, ali estás Tu.*

Eu nada seria, meu Deus, não seria absolutamente nada se Tu não estivesses em mim. Ou antes, seria eu alguma coisa se não estivesse em ti, *de quem, por quem e em quem são todas as coisas*? Assim é, Senhor, assim é. Para onde te hei de chamar, se estou em ti, ou donde poderás vir a mim? Para que lugar do céu e da terra me retirarei, a fim de que venha depois a mim o meu Deus, Ele que disse: *Eu encho o céu e a terra?*

DEUS EM TODA A PARTE

Contêm-te porventura o céu e a terra pelo fato de os encherdes? Ou enchendo-os, resta alguma parte de ti que eles não abarquem? E onde haverás de estender o que resta de ti depois de ocupares o céu e a terra? Mas por acaso tens Tu necessidade de ser contido nalgum lugar, Tu que conténs todas as coisas, já que ocupas as coisas que enches, contendo-as?

Não são os vasos cheios de ti que te tornam estável, porque, mesmo que se quebrem, Tu não te derramas. E se se diz que Tu te derramas sobre nós, não é por caíres, mas por nos levantares; não é por te espalhares, mas por nos recolheres.

Mas Tu, que tudo ocupas, não ocupas todas as coisas com todo o teu ser? Ou será que, por as coisas não te poderem conter totalmente, contêm apenas uma parte de ti? E esta tua parte, contêm-na todas e ao mesmo tempo, ou antes cada uma a sua, maior as maiores e menor as menores? Há, porém, em ti partes maiores e partes menores? Por acaso não estás todo inteiro em todas as partes, sem que haja nada que te contenha totalmente?

AS PERFEIÇÕES DE DEUS

Que é então o meu Deus? Que é senão o Senhor Deus? *E que outro Senhor há além do Senhor, ou que outro Deus além do nosso Deus?* Grande, ótimo, poderosíssimo, onipotentíssimo, misericordiosíssimo e justíssimo; secretíssimo e presentíssimo, formosíssimo, estável e incompreensível, imutável e tudo mudando; nunca novo e nunca velho; renova todas as coisas e conduz à velhice os soberbos, sem eles o saberem; sempre agindo e sempre em repouso; sempre recolhendo, sem ter necessidade de nada; sempre amparando, cumulando e protegendo; sempre criando, nutrindo e aperfeiçoando; sempre buscando, sem nada lhe faltar.

Amas e não tens paixão; ardes em zelos e não cais em desassossego; arrependes-te e não sentes dor; enfadas-te e estás tranquilo; mudas as obras, sem mudares de parecer; recebes o que encontras, sem nunca o teres perdido; nunca estás pobre, e alegras-te com os lucros; não és avaro, e exiges juros; oferecemos-te mais do que pedes, para que sejas nosso devedor. Mas quem é que tem coisa alguma que não seja tua? Pagas as dívidas que não deves a ninguém, e perdoas as dívidas sem nada perderes.

E que é tudo o que dissemos, meu Deus, minha vida, minha doçura santa, o que é que alguém pode dizer quando fala de ti? Mas ai dos que se calam sobre ti, porque não são mais do que mudos charlatães.

DESCANSAR EM DEUS

Quem me dera descansar em ti! Quem me dera que viesses ao meu coração e o embriagasses, para me esquecer dos meus males e me abraçar a ti, meu único bem!

Que és para mim? Compadece-te de mim, para que o possa dizer. Que sou eu aos teus olhos para que me mandes que te ame e, se não o faço, te irrites contra mim e me ameaces com ingentes misérias? Por acaso é pequena a miséria de não amar-te? Ai de mim! Diz-me pelas tuas misericórdias, meu Senhor e meu Deus, o que és para mim. *Diz à minha alma: Eu sou a tua salvação.* Que eu corra atrás desta palavra e alcançar-te-ei. Não queiras esconder-me o teu rosto. Que eu morra para que não morra, e assim possa ver-te.

Estreita é a morada da minha alma para que venhas a ela: seja dilatada por ti. Está em ruínas: repara-a. Há nela coisas que ofendem os teus olhos: confesso-o e sei-o, mas quem a limpará e a quem chamarei senão a ti? *Purifica-me Senhor, dos meus pecados ocultos, e perdoa ao teu servo os pecados alheios.* Creio, e por isso falo. Tu o sabes, Senhor. Porventura não confessei *diante de ti os meus delitos e não perdoaste a impiedade do meu coração?* Não quero entrar em discussão contigo, porque és a própria Verdade, e não quero enganar-me a mim mesmo, para que *a minha iniquidade não minta a si mesma.* Porque, *se olhas a iniquidade, Senhor, quem, Senhor, permanecerá?*

INFÂNCIA E PRIMEIRAS LETRAS

NOS ALVORES DA VIDA*

Que quero dizer-vos? Quero dizer-vos – não vos riais de mim – que não sei donde é que vim até aqui, a esta vida mortal ou, se preferis, a esta morte vital. Não o sei; somente sei que, ao vir a esta vida, receberam-me as carícias de meus pais; não me lembro disso, mas ouvi-o contar a eles.

Ao chegar a esta vida, receberam-me os consolos do leite humano com que minha mãe e as amas tinham cheios os peitos. Não queria nada além daquilo que me davam, e elas queriam dar-me aquilo de que eu necessitava. Isso é tudo, e em nada difere do que ocorre com todas as crianças. Também isto o soube mais tarde, é claro,

---

(*) Aurélio Agostinho nasceu a 13 de novembro de 354 em Tagaste, na província romana da Numídia; hoje a cidade chama-se Souk Ahras, e fica situada na Argélia. Os pais de Agostinho chamavam-se Patrício e Mônica.

porque naquela altura a única coisa que sabia fazer era mamar, ser tranquilizado com carícias e chorar quando alguma coisa me incomodava. Nada mais.

Depois comecei a rir; primeiro, enquanto dormia, depois também desperto. Isto, disseram-no de mim, e eu acredito, porque vemos o mesmo nas outras crianças.

Pouco a pouco comecei a perceber onde estava e a querer dar a conhecer os meus desejos àqueles que podiam satisfazê-los; mas não sabia expressar-me e eles não me entendiam, e por isso esperneava e gritava – pois esse era o meu único modo de expressar o que queria. Mas a minha expressão e os meus gestos se pareciam muito pouco ao que eu desejava, e por isso não me entendiam. Quando não era compreendido e não me satisfaziam, ou quando, mesmo que me compreendessem, não me davam o que queria por ser inconveniente para mim, eu me indignava e me vingava chorando. Assim fazem as crianças que pude observar e foram elas que, sem sabê-lo, me permitiram entender como era eu quando também era criança.

Há tempos já que a minha infância morreu, e apesar disso continuo vivendo. Terá a minha infância sucedido a outra idade já morta? Desejaria saber qual foi a minha existência no ventre de minha mãe, mas ninguém soube dizer-mo, nem meu pai, nem minha mãe, nem a experiência dos outros. Somente sei, pelo que dizem de mim, que vivia no ventre de minha mãe e que, depois, já criança, tentava dar a conhecer o que sentia por meio de sinais que o expressassem.

Não dei o ser a mim mesmo. Cheguei a pensar que talvez houvesse alguma outra fonte, distinta de nós mesmos, donde nos viesse o ser e o viver. Passaram muitos anos, os nossos e os dos nossos pais, e passarão muitos mais, e cada um viverá e existirá segundo um modo de ser e uma maneira própria... Haverá muitas coisas amanhã e depois, e cada vez ficará mais longe o ontem, cada vez mais para trás...

Não entendo como acontecem estas coisas.

PRENÚNCIOS DE MALDADE

Temo que nem sequer de um recém-nascido se possa dizer que está livre de ter praticado algum mal. E que fazia eu de mau então? Em que podia pecar nesse tempo?

Em desejar com avidez e chorando os peitos de minha mãe? Se agora agisse assim, e desejasse com a mesma ânsia o alimento próprio da minha idade, rir-se-iam de mim e seria repreendido; portanto, eram também dignas de repreensão as coisas que então fazia. Mas nem os usos nem o senso comum tornavam aconselhável que eu fosse repreendido, pois não podia entender qualquer repreensão. Quando crescemos, abandonamos essa sofreguidão do apetite; sinal evidente de que é errado, pois eu nunca vi um homem maduro e sensato que, ao limpar alguma coisa, se desfizesse do que há de bom nela.

Portanto, do fato de que não me repreendessem quando era criança, devo concluir que era bom pedir chorando o que era prejudicial para mim? Era bom irritar-me com os que não faziam o que eu queria, e até com os meus pais que, mais sensatos do que eu, não me concediam os meus caprichos? Era bom que os maltratasse, na medida em que podia, por não obedecerem às minhas exigências, quando teria sido pernicioso para mim se as cumprissem? Não, não era bom. Daí se segue que o que é inocente nas crianças é a debilidade dos seus membros, não a sua alma.

Certa vez, vi e observei uma criança invejosa. Ainda não falava, e já olhava, pálida e de rosto colérico, para outra criança que mamava ao mesmo tempo que ela. Quem não observou já semelhante cena? Dizem que as mães e as amas sabem como arrancar essas inclinações das crianças. E chamamos inocentes às crianças...

Eu não sei como podemos chamar inocente a quem não suporta como irmão de leite, desse leite que mana copiosa e abundantemente, aquele que está necessitado desse mesmo alimento. Não obstante, toleramos esse modo de ser nas crianças, não por não ser mau, mas por esperarmos que desapareça com o tempo. Se vemos semelhantes coisas em alguém já entrado em anos, mal podemos suportá-las com paciência.

Dá-me vergonha ter de unir a vida que vivo agora a essa idade da infância, pois nem mesmo me recordo de a ter vivido; penso que assim foi, pelo que me disseram e pelo que vejo em outras crianças. Tão esquecida tenho a minha infância como a vida que vivi no seio de minha mãe.

Se desde então há maldade em mim, e assim em todos os homens, quando ou onde é que o homem foi inocente? Mas deixo de falar da minha infância; para que ocupar-me dela, se não permanece nem rasto na minha memória?

APRENDI A FALAR

Da infância passei à meninice. Aprendi a falar; mas foi somente mais tarde que percebi como o aprendera. Não foram os mais velhos que mo ensinaram, apresentando-me as palavras com certa ordem e método, como depois fizeram para ensinar-me a ler. Não, fui eu mesmo, com o meu entendimento, que aprendi. Ao querer manifestar os meus sentimentos com vozes, gemidos e gestos, para que satisfizessem os meus desejos, vi que não conseguia exteriorizar tudo o que queria nem a todos a quem queria; e assim, quando os maiores designavam algum objeto, eu fixava na minha memória a palavra que empregavam; e quando a pronunciavam de novo, entendia que aquele objeto era denominado por essa palavra.

Que era assim, deduzia-o dos seus movimentos, que são como que a linguagem natural do homem: a expressão do rosto, o movimento dos olhos, os gestos, o tom de voz, os quais indicam os afetos da alma para pedir, reter, recusar ou fugir de alguma coisa. Desta maneira ia eu deduzindo das palavras, inseridas nas frases e ouvidas repetidamente, os objetos que significavam; e por meio delas comecei a dar a entender o que queria.

Assim principiei a comunicar-me com os que me rodeavam, e passei a fazer parte da sociedade, submetido à autoridade dos meus pais e às indicações dos mais velhos.

OS JOGOS

Quanta miséria e quanto engano experimentei ao ver que me era proposta como norma de bem viver, a mim, uma simples criança, a obediência aos que me incitavam a brilhar neste mundo e a sobressair na arte da palavra, para que depois pudesse alcançar honras e riqueza! Levaram-me à escola para que aprendesse as primeiras letras, cuja utilidade eu ignorava. Se era preguiçoso em aprender, batiam-me; e este sistema era louvado pelas pessoas mais velhas: elas próprias tinham passado por esse gênero de vida e, em consequência, haviam-nos traçado um caminho bem penoso, pelo qual éramos obrigados a caminhar; assim multiplicavam o trabalho e a dor do homem.

Por sorte, encontrei homens que acreditavam em Deus, e deles aprendi a conhecê-lo, tanto quanto possível, como um Ser grande, que não vemos, mas que nos escuta e vem em nossa ajuda. Disto resultou que comecei a invocar a Deus como meu refúgio e meu amparo, quase ao mesmo tempo em que aprendi a falar; mesmo pequeno, já rezava a Deus com insistência para que não me açoitassem na escola. E quando Deus não me escutava, os mais velhos e até os meus próprios pais, que certamente não me desejavam nenhum mal, riam-se de mim.

Apesar de temer os castigos, escrevia, lia ou estudava menos do que se exigia de nós. Não porque me faltasse memória ou capacidade, mas porque gostava de brincar, como aliás os que nos castigavam: simplesmente, os «jogos» dos adultos chamam-se «negócios». Nós, porém, éramos castigados pelos nossos jogos, e ninguém se compadecia de nós – como, aliás, ninguém se compadece dos adultos e dos seus «jogos».

Talvez alguém ache justo que fosse açoitado por jogar bola e por não aprender mais depressa as letras; no entanto, quando fosse mais velho eu acabaria por jogar com as letras um jogo muito mais perigoso...

Em que se distinguia aquilo que faziam os que me açoitavam daquilo que eu fazia? Se eram vencidos por um colega numa questiúncula sem importância, encolerizavam-se ou enchiam-se de inveja, muito mais do que eu quando era vencido por um companheiro num jogo de bola.

Mas eu estava errado em desobedecer aos meus pais e aos meus mestres, porque podia no futuro fazer bom uso desses conhecimentos, qualquer que fosse a intenção com que mos impunham. Além disso, não era desobediente porque quisesse ocupar-me de coisas melhores, mas porque queria jogar. Buscava nas disputas com os meus companheiros soberbas vitórias, desejava afagar os meus ouvidos com falsos louvores. Ao mesmo tempo, e com idêntica curiosidade, acendiam-se cada vez mais os meus olhos em ânsias de ver os espetáculos e os «jogos» dos mais velhos.

Quem oferecesse esses espetáculos em privado despertava tal admiração que quase todos desejavam ter os seus filhos em condições de fazer o mesmo no dia de amanhã; e, no entanto, permitiam aos mestres que lhes castigassem os filhos quando estes perdiam o tempo assistindo a esses espetáculos em detrimento do estudo, pois era por meio do estudo que poderiam chegar algum dia a oferecer esses mesmos espetáculos em privado. Era difícil entender os mais velhos.

O ADIAMENTO DO BATISMO

Ainda criança, ouvi falar da vida eterna que nos é prometida. Fui marcado com o sinal da Cruz e deram-me a provar sal, conforme o rito prévio ao batismo, o catecumenato. Assim o desejara minha mãe, que punha em Deus todas as suas esperanças.

Certo dia, ainda criança, sofri repentinamente de fortes dores de estômago, e consumia-me de febre; estive a ponto de morrer. Naquele transe, pedi a minha mãe com fervor e com fé o Batismo de Cristo. Minha mãe assustou-se, mas alegrou-se ao mesmo tempo, porque me queria na fé de Deus para a vida eterna, e cuidou pressurosamente de que eu fosse instruído e me confessasse dos meus pecados.

Mas comecei a melhorar e, já que recuperava a saúde, o batismo foi adiado, pois pensava-se que, se eu vivesse, seria impossível que não voltasse a pecar, e depois do batismo as recaídas no pecado seriam muito mais graves e perigosas.

Naquela época, tanto minha mãe como eu e todos os da casa tínhamos fé; excetuava-se meu pai, que aliás não pôde vencer o ascendente que minha mãe tinha sobre mim nem conseguiu que eu deixasse de crer em Cristo, como ele. Minha mãe cuidava de que eu conservasse a fé e me fortalecesse nela. Apesar de neste ponto contrariar meu pai, no resto servia-o e obedecia-lhe, ainda que em tudo fosse melhor do que ele.

Não entendo como e por que razão foi adiado o meu batismo: se pensavam fazer-me um bem ao deixarem que, por não estar batizado, atuasse em todas as coisas segundo o meu capricho, enganavam-se. Ouvia dizer: «Deixai-o fazer o que bem entenda; ainda não está batizado». Mas nunca ouvi dizer em relação ao meu corpo: «Deixai-o adoecer quanto quiser; ainda não está são».

Teria sido melhor se me batizassem, porque o meu esforço e o dos meus teria feito com que a minha alma sarasse, e não que adoecesse ainda mais. Teria sido melhor, sem dúvida alguma; mas como minha mãe já previa as muitas e grandes tentações que me ameaçavam, parece ter preferido expor-me a elas enquanto ainda estava informe, do que deixar que me envolvesse nesses perigos depois de receber a forma divina.

O GREGO E O LATIM

Durante a minha infância – muito menos temível para mim do que a adolescência –, não gostava dos livros e tinha horror de ser obrigado a estudar; mesmo assim, compeliam-me, e isso me fez bem. Eu é que não procedia bem, pois ninguém que age contra vontade tem mérito, mesmo que seja bom aquilo que faz.

Os que me obrigavam a estudar também não agiam retamente, pois só queriam que eu viesse a tornar-me rico e famoso. Do erro deles e do meu, no entanto, resultou uma coisa boa: eu aprendia. Da intenção que os movia – porem-me a estudar por utilidade – e da minha pobre conduta – estudar por medo ao castigo –, resultou um bem: cheguei a saber alguma coisa.

Não sei por que odiava tanto estudar a língua grega. Já o latim me apaixonava; não o latim ensinado pelos mestres da escola primária, mas aquele que era explicado pelos assim chamados gramáticos; pois os rudimentos de latim, com os quais se aprende a ler, escrever e contar, foram-me tão odiosos quanto o grego, embora tenha sido por eles que pude chegar a ler qualquer escrito e a escrever o que quisesse.

O ensino primário foi-me, sem dúvida, muito mais útil do que aquele em que me obrigavam a aprender de cor as aventuras de um certo Eneias*; lendo-as, esquecia-me da minha própria desventura. Pouco a pouco ia-me afastando de Deus. Não tinha piedade de mim mesmo: chorava Dido, aquela que se matou por amor de Eneias, e não chorava a minha própria morte por não amar a Deus. Enquanto me esquecia de Deus, ia ouvindo por toda a parte: «Bem, bem!» Pois a maioria dos homens vive longe de Deus, e se gritam a alguém: «Bem, bem!», é para que não se envergonhe de ser pecador. Mas as minhas faltas não me inquietavam; eu chorava por Dido morta, a que «buscou na espada o seu destino»; e buscava longe de Deus essas pobres coisas, indo, como barro que era, atrás do barro. Se me tivessem proibido semelhantes leituras, ter-me-ia indignado por não poder ler o que me fazia mal. No entanto, esta espécie de loucura passa por coisa mais nobre e proveitosa do que o simples aprender a ler e a escrever na escola primária.

Mas não é verdade. As primeiras letras foram absolutamente melhores do que estas últimas. Preferiria esquecer todas as aventuras de Eneias e as demais coisas do gênero, a deixar de saber ler e escrever. Das portas das escolas dos

---

(*) Eneias é um herói troiano que, segundo o poema de Virgílio *(Eneida)*, após a guerra de Troia partiu para a Itália e deu origem ao que futuramente seria o povo romano. A rainha Dido, de Cartago, apaixonou-se por ele, e por seu amor suicidou-se.

gramáticos pendem umas cortinas ou toldos; mas agora sei que não são para realçar-lhes a sabedoria, ocultando-a como se oculta um segredo, mas para encobrir-lhes o erro e a ignorância.

Eu estava errado então, quando preferia os poetas gregos a outras coisas mais proveitosas; sei que o fazia somente para divertir-me. Era odioso ouvir «um mais um são dois, dois mais dois são quatro»; pelo contrário, era muito agradável e divertido escutar a narração do cavalo de madeira cheio de gente armada, e o incêndio de Troia, e a sombra de Creusa*.

Por que, então, odiava a gramática grega, em que se contam essas coisas? Era a dificuldade, sim, somente a dificuldade de aprender a gramática de uma língua estrangeira o que empapava de amargura, como o fel, toda a doçura que encontrava nas fábulas gregas.

Não sabia nem uma palavra dessa língua, mas obrigaram-me a aprendê-la com cruéis ameaças e castigos. O latim, porém, aprendi-o só de prestar-lhe atenção, quando ainda era criança. Aprendi-o entre as carícias das amas de leite, entre as brincadeiras dos que riam, a alegria dos que brincavam, e sem nenhuma ameaça de castigo. Quero dizer que o aprendi sem ser obrigado a isso por medo ao castigo, levado unicamente pela necessidade de manifestar os meus sentimentos; não dispunha de outro caminho senão o de aprender as palavras, não da boca dos mestres, mas daqueles que falavam comigo, a quem eu dizia tudo o que me ocorria. Aqui se vê claramente que, para apren-

---

(*) Creusa, na *Eneida* de Virgílio, era a esposa de Eneias, que lhe apareceu depois de morta sob a forma de uma sombra evanescente.

der, são mais eficazes a liberdade e a curiosidade espontânea do que a obrigação e o medo.

A LEITURA DOS CLÁSSICOS

Levaram-me a Madaura para aprender oratória e literatura. É verdade que lá aprendi muitas coisas úteis nos textos clássicos; mas também se podem aprender em textos que não sejam nocivos.

Mas são poucos os que sabem ou querem ir contra a corrente do costume e da moda! Oxalá secasse! Até quando arrastará os homens para o mar imenso e tenebroso, que poucos conseguem atravessar a não ser subidos ao lenho da cruz?

Foi nesses textos que li a fábula de Júpiter, tonitruante e adúltero. É verdade que, sendo trovão, não podia simultaneamente cometer adultério; mas foi representado assim a fim de que tivesse autoridade para imitar um verdadeiro adultério com o encanto desse trovão imaginário. Como pode um verdadeiro professor ouvir serenamente um homem nascido do mesmo pó dizer-lhe: «Homero imaginava tais coisas e atribuía aos deuses as fraquezas humanas; eu preferiria que atribuísse aos homens as ações divinas»? Mais verdadeiro seria dizer: «Sim, Homero inventava essas coisas, chamando deuses a simples homens corrompidos, para que os vícios não parecessem vícios; e, assim, quem quer que os cometesse pareceria imitar, não uns homens dissolutos, mas os próprios deuses do Olimpo».

E as crianças são jogadas nesse mar de vícios, de roldão com os honorários pagos por seus pais para que aprendam semelhantes tolices. E os mestres pensam que já são alguém pelo simples fato de poderem ensiná-las publicamente, no foro, ao amparo das leis. Leis que, por outro lado, determinam o soldo oficial que lhes deve ser pago, além dos honorários privados.

E os mestres fazem propaganda de si mesmos, e anunciam-se dizendo: «Aqui se aprende o significado das palavras. Aqui se adquire a eloquência tão necessária para explicar a verdade e conhecer as coisas». Como se não pudéssemos aprender o significado de *chuva* e de *ouro*, de *regaço* e de *engano*, de *templo do céu* e de muitas outras coisas escritas na obra de Terêncio, sem necessidade de que esse poeta nos mostre um adolescente transviado, que toma Júpiter como modelo de estupro ao contemplar uma pintura mural «em que se representa Júpiter lançando uma chuva de ouro no regaço de Dánae e estuprando-a mediante esse artifício».

Com esses feitos de mestre tão celestial, excitavam-nos a luxúria:

«— Mas que deus é este, que faz retumbar a abóbada celeste com seu enorme trovão?

«— E eu, um simples homenzinho, não havia de fazer o mesmo?

«— Pois eu o fiz, e com muita satisfação»*.

Não posso admitir de maneira nenhuma que, com torpezas deste gênero, se aprenda melhor o significado das palavras. A verdade é que, por meio desse tipo de ensino, nos atrevemos mais facilmente a realizar tais torpezas. Não

---

(*) Terêncio, *O eunuco,* ato 3, cena 5.

condeno os textos clássicos, que são como um vaso admirável e precioso; mas condeno o vinho do erro que esses mestres bêbados neles nos davam a beber; e, se não o bebíamos, açoitavam-nos, sem que pudéssemos apelar em nossa defesa para nenhum juiz que estivesse sóbrio.

Não obstante, confesso que aprendi essas coisas com gosto, e que me deliciei com elas; era um miserável..., e por isso diziam que era uma criança que prometia muito.

A ORATÓRIA

Com efeito, era uma criança inteligente, mas ensinavam-me a empregar essa inteligência em sandices.

Às vezes, os mestres propunham-nos como tema de declamação – e isso me deixava muito nervoso, tanto pela preocupação de ganhar louvores como pelo medo aos açoites – que repetíssemos as palavras de Juno, irada e cheia de dor por não poder «afastar da Itália o rei dos troianos». Bem sabia que Juno jamais proferira tais palavras, mas éramos obrigados a seguir as ficções do poeta e a acrescentar alguma coisa em prosa ao que o poeta dissera em verso. Devíamos dizê-lo de maneira adequada ao personagem que nos coubesse representar; e era mais elogiado o aluno que, com mais vivacidade e verossimilhança, soubesse dizer as palavras mais apropriadas aos sentimentos de ira ou dor da personagem. Eu era o mais aplaudido de todos os meus companheiros; mas tudo aquilo não passava de um modo de fomentar a minha vaidade, pois haveria sem dúvida outras maneiras que não essa de exercitar a minha inteligência e a minha linguagem.

Não é de estranhar, pois, que me deixasse arrastar por

essas frivolidades, sobretudo porque o modelo que devia imitar eram homens que, quando lhes contava algo de bom desses deuses, mas caindo nalgum barbarismo ou solecismo, me ridicularizavam e me humilhavam; e, pelo contrário, se louvava as desonestidades desses deuses com um discurso elegante e eloquente, com palavras precisas e apropriadas, rompiam em aplausos, inchando-me assim de vaidade.

Os meus mestres ensinavam-me a observar com exatidão todas as regras estabelecidas sobre as palavras e as sílabas; jamais se preocuparam, porém, de falar-me daquilo que desde sempre foi estabelecido entre Deus e os homens. Se algum desses assim chamados sábios, contrariando as leis gramaticais, pronunciasse a palavra *homo* sem aspirar o «h», causaria mais desagrado do que se odiasse um homem – e não há nada pior do que odiar o «homem». É muitíssimo mais importante não odiar do que saber gramática. Quando um desses homens, que deseja ser tido na conta de sábio e eloquente, leva aos tribunais um inimigo e acusa-o com ódio e fúria, cuida muitíssimo de que nem por distração lhe escape, por exemplo, um *«inter hominibus»*; mas pouco se importa de vigiar o furor da sua alma, que o arrasta a eliminar um homem dentre os homens, *«ex hominibus»**.

Na fronteira de tais costumes estava eu sentado, quando criança; essa era a arena em que combatia, e em que temia mais cometer um barbarismo do que invejar os

---

(*) O autor faz aqui um jogo de palavras com as expressões *inter homines* (*inter hominibus* é errado), entre os homens, e *ex hominibus,* dentre os homens.

meus companheiros que conseguissem evitá-lo. Como era louvado pelos meus mestres, agradar-lhes era então a minha norma de vida. Por criança que fosse, parece-me agora que eu era de todos o mais deformado: enganava com uma infinidade de mentiras os meus preceptores e mestres, e também os meus pais, pelo desejo de brincar e de assistir a esses tolos espetáculos, para depois imitá-los na minha apaixonada frivolidade.

MALÍCIAS DA MENINICE

De vez em quando, furtava coisas da despensa da casa ou da mesa; umas vezes por gula, outras para ter alguma coisa que dar a outras crianças, para que assim brincassem comigo – apesar de que se divertiam tanto como eu, sem que fosse necessário dar-lhes nada.

Quando brincávamos, tentava sempre ganhar, mesmo que fosse com trapaças, pois desejava sobressair em tudo e por cima de todos. Não suportava, porém, que os outros me enganassem, como eu o fazia. E mais: se casualmente era apanhado nalguma trapaça, e mo lançavam em rosto, irritava-me a mais não poder. Faria qualquer coisa exceto admitir que não jogara limpo. É esta a inocência infantil de que tanto se fala? Não, não é. Estas mesmas coisas que se fazem em criança, com os pais e os professores, para conseguir umas nozes, uma bola ou um passarinho, mais tarde fazem-se com os governantes e com os reis, por dinheiro, por terras ou por escravos. O resultado é sempre o mesmo: às palmadas da escola sucedem-se depois castigos muito piores.

Portanto, quando Cristo quis propor-nos um símbolo da humildade, e disse que o *reino dos céus é das crianças*, possivelmente queria que pensássemos apenas na pequenez da estatura destas...

Apesar de tudo, mesmo sendo criança, deleitava-me em encontrar a verdade nos meus pequenos pensamentos sobre as coisas. Não queria que me enganassem. Tinha boa memória. Ia-me instruindo, e pouco a pouco aprendia a expressar-me melhor. Gostava muito de ter amigos. Fugia da dor e de tudo o que fosse grosseiro e rude.

Hoje dou-me conta de que todas essas coisas são valiosas; todo o meu ser manifestava uma integridade e unidade admiráveis; tudo isso era meu; todas as minhas faculdades e dotes bons eram eu.

Mas buscava em mim, nas coisas e nos outros, somente a minha satisfação e o meu proveito. Por isso caía no erro, na confusão e na dor; não buscava Aquele que me fez e me deu todas as coisas.

DESORDENS DA JUVENTUDE

Recordo agora o meu passado de sensualidade e a corrupção da minha alma; percorro com a memória, cheio de amargura, aquele caminho errado pelo qual andava perdido.

Quando cheguei à adolescência, ardia em desejos de entregar-me às coisas mais baixas, e cheguei a aviltar-me com os amores mais diversos e mais torpes; sujei-me e embruteci-me para satisfazer os meus desejos e agradar aos homens.

Nada desejava além de amar e de ser amado. Não tinha moderação nenhuma, como o requer a verdadeira amizade; mas ia de cá para lá, como que obcecado pela minha concupiscência carnal e pela força da minha puberdade: ofuscado, às escuras. E o meu coração não distinguia a serena amizade do que era exclusivamente apetite da carne.

Abrasado por essa obsessão, sentia-me arrastado nessa débil idade pelo redemoinho dos meus desejos, e submergi-me até o fundo em todo o tipo de torpezas. O ruído de minhas próprias cadeias me tornou surdo a qualquer voz que me chamasse à retidão. Sentia-me inquieto e nervoso, e somente ansiava por satisfazer-me a mim mesmo; fervia no desejo de fornicar. Cada vez me afastava mais do verdadeiro caminho, indo atrás dessas satisfações estéreis, cheio de soberba, agitado.

Oxalá tivesse havido alguém que me ajudasse a sair da minha miséria, alguém que tivesse dado rumo ao meu desejo de amar, alguém que tivesse orientado o meu ansioso desejo de prazer para que as minhas ondas embravecidas viessem a romper-se na praia do matrimônio.

Miserável como era, converti-me num fervedouro de paixões e rompi com toda a norma e com toda a medida. Mas, no meio de tantas satisfações ilícitas, não pude evitar a dor e a amargura que elas sempre trazem consigo.

Aos dezesseis anos, entreguei-me totalmente à carne, ao furor da satisfação sexual, permitida e até aplaudida pela desvergonha humana, mas contrária ao amor de Deus.

Nem sequer os meus se preocuparam de orientar-me

para o matrimônio, a fim de evitar tanto pecado. A única preocupação que tinham era que eu aprendesse a compor magníficos discursos e a convencer os outros com a oratória e com a força das minhas palavras.

ADOLESCÊNCIA

VOLTA PARA «BABILÔNIA»

Tive de voltar de Madaura e de interromper os meus estudos de oratória e de literatura nessa cidade, porque já se faziam longos preparativos para mandar-me para Cartago. Essa decisão deveu-se ao entusiasmo de meu pai pelo meu talento, não a que lhe sobrasse dinheiro; pois era um modesto empregado municipal em Tagaste.

Conto estas coisas a qualquer pessoa que venha a encontrar este escrito sobre a história da minha vida, porque talvez possa ajudá-la a ver como somos miseráveis e como estamos afastados de Deus; e, ao mesmo tempo, como estaríamos perto dEle se nos decidíssemos a *admiti-lo* de coração na nossa vida...

Todos louvaram meu pai pela sua decisão de mandar-me estudar a Cartago. Com efeito, poucos concidadãos seus estavam dispostos a sacrificar-se economicamente por seus filhos, mesmo quando os viam suficientemente talentosos para estudar. Mesmo os que eram ricos não faziam semelhante esforço por seus filhos.

No entanto, meu próprio pai, que tanto me queria nesse particular, não se preocupava nada de que eu fosse casto; somente lhe importava que fosse culto, que a minha alma ficasse *diserta*, por mais que estivesse *deserta* de todo o bem verdadeiro.

Apesar de todos estes planos, por falta de recursos familiares tive de adiar a minha viagem e de viver um descanso obrigatório, livre de estudos, em casa de meus pais. Aumentou então a minha lascívia, sem que houvesse ninguém que a arrancasse de mim. Pelo contrário, certo dia, em que meu pai me viu nu nos banhos e sexualmente excitado, foi contá-lo satisfeito à minha mãe, como se já se alegrasse com a ideia de ter netos. Naquela época, minha mãe já começava a viver séria e decididamente a vocação cristã; não assim meu pai, que era apenas um catecúmeno ainda recente. Ela assustou-se ao ouvi-lo e, apesar de eu ainda não ser cristão, temeu que a minha vida enveredasse por caminhos tortuosos e que eu nunca viesse a tornar-me cristão.

Não posso dizer que Deus se calasse, que não se ocupasse de mim, que não me chamasse à retidão e ao seu amor; as palavras e os conselhos de minha mãe vinham sem dúvida de Deus, ainda que eu não lhes prestasse atenção.

Ela queria – recordo que me falou a sós e com grave seriedade – que eu não fornicasse e, sobretudo, que não cometesse adultério; mas essas advertências pareciam-me coisas próprias de mulheres, a que eu me envergonharia de obedecer. Não eram coisas de mulheres, era Deus que me advertia; e eu desprezava a Deus, pensando que desprezava somente os conselhos de minha mãe.

Cego como ninguém, tinha vergonha de parecer menos desavergonhado do que os meus companheiros, quando os via jactar-se da sua desvergonha – mais pelo desejo de serem louvados e admirados do que pelo prazer que encontravam nessas torpezas. E para não ser menos do que eles, fazia-me cada vez mais vicioso; e quando não tinha feito nada que merecesse a pena ser contado, inventava e mentia para não parecer inocente e casto.

Eram desse tipo os companheiros que eu tinha, e com eles percorria as praças dessa nova Babilônia, refocilando-me na lama como se fosse um precioso perfume.

Nem sequer a minha própria mãe – que neste sentido já fugira de «Babilônia», mas que em outras lutas caminhava muito lentamente – se preocupou de orientar para o matrimônio esses meus instintos apaixonados de que ouvira falar a meu pai. Temia que, se me casasse tão cedo, viessem a frustrar-se as esperanças e projetos que tinha sobre o meu futuro: a minha carreira e os meus estudos, que eram o que ela desejava acima de tudo, tal como meu pai. Meu pai, porque não pensava em Deus para nada, mas apenas em mim; e minha mãe, porque pensava que os meus estudos não somente não me estorvariam, mas me serviriam para conhecer a Deus. Isto é o que eu penso agora, ao tentar relembrar, dentro do que é possível, as intenções de meus pais.

Deram-me, pois, demasiada liberdade nas diversões, mais do que o aconselha a prudência. E assim andava eu, sempre atrás do vício, que levantava ao meu redor uma escuridão tão negra que me impedia de ver a verdade.

O FURTO

Certa vez quis roubar, e roubei. Não o fiz porque precisasse, mas apenas porque estava entediado e por excesso de maldade: roubei uma coisa que já tinha em abundância e de melhor qualidade. Nem sequer me apetecia o que desejava roubar; foi pelo simples prazer de roubar.

Havia próximo da nossa vinha uma pereira carregada de frutos que, nem pelo aspecto nem pelo sabor, tinham nada de apetecível. A uma hora intempestiva da noite, eu e alguns amigos com quem estivera jogando nos campos até aquela hora, como costumávamos, fomos até à árvore para sacudi-la e esvaziá-la. Levamos uma grande quantidade de peras, não para comê-las, se bem que tivéssemos comido algumas, mas para jogá-las aos porcos. A nossa satisfação resumia-se exclusivamente em fazer o que nos apetecesse pelo simples fato de estar proibido.

Tudo o que é belo, como por exemplo o ouro e a prata, tem um certo atrativo. Boa parte do prazer do tato deriva do adequado entendimento entre este e o seu objeto. Também a honra e o poder, o mandar e o dominar têm o seu atrativo. Mas, para conseguir todos esses prazeres, não é necessário afastar-se de Deus e da sua lei. A vida que vivemos tem o seu encanto por si mesma, e igualmente boa é a amizade entre os homens.

Ora, em todas estas coisas, boas em si mesmas, peca-se por desejá-las sem moderação, por abandonar coisas melhores em troca delas, por abandonar Deus, a sua Verdade, a sua Lei. Se as coisas criadas dão prazer, maior é Deus, que as fez.

Esta é a razão pela qual, quando nos perguntamos

pelo motivo de uma má ação, sempre o encontramos no desejo de algumas dessas coisas inferiores ou no medo de perdê-las. São belas, agradáveis e apetecíveis, sem dúvida. Mas, comparadas com Deus, não são quase nada. Alguém mata um homem, e nos perguntamos: «Por que o terá feito?»

E a razão é invariavelmente deste tipo: ou porque lhe desejava a mulher ou as terras; ou porque quis roubar para viver melhor; ou porque temia que o matassem a ele; ou porque fora insultado e desejava vingar-se. Pode-se cometer um crime somente pelo gosto de matar? Talvez sim, mas é quase inacreditável. Mesmo numa pessoa terrivelmente cruel e sem sentimentos, ou da qual se diria que é criminosa sem motivo, dá-se também – apesar de tudo – pelo menos um motivo para explicar as suas ações: o tédio.

Mas eu não sei o que foi que amei quando furtei por furtar. Que era o que me satisfazia no furto? Tive ao menos o gosto de cometer uma fraude só para imitar uma falsa liberdade, praticando, por uma tenebrosa semelhança de onipotência, o que não me era lícito? É possível que me agradasse o ilícito somente porque não me era lícito?

É certo que, sozinho, não o teria feito; não, de maneira nenhuma o teria feito sozinho. Deve ter-me movido, portanto, também a camaradagem com outros culpados que me acompanhavam nesse furto inútil, um furto que, não sendo senão puro prazer de delinquir, me deixou ainda mais miserável e pobre do que já era.

Era como um riso que nos fazia cócegas por todo o corpo, nascido talvez de ver como enganávamos aqueles que nem sequer suspeitavam do que fazíamos. Ríamos ao pensar que, se o soubessem, indignar-se-iam contra nós.

É difícil rir sozinho. E por isso encontrávamos prazer naquela estúpida ação que realizávamos juntos, porque, juntos, nos divertia. Que vontade de fazer o mal somente por passatempo e brincadeira! Que estranho sentido da amizade é esse, que leva a rir do mal alheio sem nenhum proveito próprio! Bastou que alguém dissesse: «Vamos!», e todos tivemos vergonha de não parecer desavergonhados.

OS MANIQUEUS
E O SONHO DE MÔNICA

AMORES VAZIOS

Cheguei a Cartago. Crepitava por toda a parte, como numa sertã, um enorme fervedouro de amor impuro. Não tendo entrado ainda no redemoinho, desejava, porém, entrar, e indignava-me comigo mesmo por ver-me pobre de amor. Não o sabia, mas esses desejos voltados para tantas coisas impuras não eram senão fome de Deus; eu não o sabia, não o encarava assim. Pelo contrário, estava totalmente vazio de tudo o que fosse espiritual, e não sentia o mesmo apetite por algo que fosse elevado; não por estar saciado, evidentemente, mas porque, quanto mais vazio, menos desejava o amor verdadeiro.

Minha alma não se encontrava bem; estava ferida, e assim chagada, tentava curar-se com coisas sensuais. Amar e ser amado era a coisa mais doce para mim, sobretudo quando podia gozar do corpo da pessoa amada. E assim sujava a amizade com a nódoa da concupiscência; assim enegrecia a sua brancura com a fuligem da luxúria. E apesar da minha desonesta sujidade, desejava vaidosamente que me tivessem por elegante e educado.

Precipitei-me finalmente no amor em que desejava cair: fui amado! E embora ocultamente, pude gozar do vínculo do prazer e atei-me com alegria a essas pesadas correntes – que depois açoitam como varas incandescentes – feitas do ferro dos ciúmes, das suspeitas e dos temores, dos ódios e das rixas*.

O TEATRO

Entusiasmavam-me os espetáculos teatrais, repletos de imagens das minhas próprias misérias e de acicates para a minha paixão. Por que será que o homem quer encontrar a dor no teatro, contemplando cenas tristes e trágicas, se na vida real não quer padecê-las? O espectador quer sentir dor, e essa dor o satisfaz. Que é isso senão uma espécie de rematada loucura? Tanto mais nos comovemos no teatro, diante das paixões que contemplamos, quanto menos livres vivemos delas. E quando as padecemos, costumamos chamá-las misérias; e quando delas compartilhamos, chamamo-las compaixão.

Mas que compaixão é essa, se se trata de algo fingido e representado? O espectador não é movido a socorrer ninguém, mas somente a compadecer-se; e o autor teatral dessas paixões é tanto mais louvado quanto mais consegue comover o espectador.

(*) Agostinho refere-se ao *concubinato privado,* juridicamente admitido pelo costume, em que viveu desde os 18 anos com a mesma mulher. Nesse mesmo ano tiveram um filho: Adeodato.

Parece, pois, que o que se ama são a dor e as lágrimas. A todos agrada compadecer-se dos demais, e isto não se pode dar sem que se sinta dor; portanto, deve ser este o motivo pelo qual desejamos sofrer no teatro. É certo que a compaixão é boa, e é bom sentir dor pelo mal alheio; mas é necessário que não haja nisso qualquer impureza.

Eu, porém, divertia-me no teatro com os amantes que se deliciavam com as suas torpezas sensuais. E gostava de ver tanto as obscenidades como as tragédias, sentir-me misericordioso e compassivo, e ao mesmo tempo deleitar-me com as impurezas que via representar no palco.

Hoje compadeço-me mais daquele que se alegra nos seus pecados do que daquele que sofre com a perda de uma satisfação nociva ou a privação de uma miserável felicidade passageira. Esta compaixão é, sem dúvida, mais verdadeira, ainda que a dor que causa não produza prazer; porque, mesmo sendo verdade que é bom compadecer-se, é verdadeiramente compassivo quem preferiria que não houvesse nada de que compadecer-se. Da mesma forma como é impossível que haja uma benevolência malvada, também é impossível haver alguém verdadeiramente compassivo que deseje que existam miseráveis para assim ter de quem compadecer-se.

Há sofrimentos que merecem aprovação, ainda que nenhum mereça ser amado por si mesmo. Eu, porém, amava a dor que me produzia a contemplação das desgraças alheias, e buscava-a nas representações teatrais; tanto mais me agradavam quanto mais a atuação dos protagonistas me mantinha interessado e mais lágrimas me fazia derramar.

Mas também não queria que a dor me penetrasse demasiado fundo, pois não desejava padecer de verdade desgraças como as representadas, mas somente que essas cenas teatrais me arranhassem levemente a superfície. No entanto, como em todos os que começam a coçar-se, acabou produzindo-se em mim um tumor abrasador, uma chaga horrível que me apodrecia por dentro. Tal era a minha vida, se a isso se pode chamar vida.

A quantas maldades me dediquei então! Levado por uma espécie de sacrílega curiosidade, entreguei-me aos mais baixos, desleais e enganosos sacrifícios aos demônios, aos quais oferecia as minhas más obras.

Tive também o atrevimento de desejar com ardor e de conceder-me uma satisfação mortal durante a celebração de uma das festas cristãs, dentro das paredes da igreja. Depois sofri terrivelmente por isso, ainda que a minha dor nada tenha sido em comparação com a minha culpa. Assim andava eu, inchado e orgulhoso entre os malfeitores, afastado de Deus, desejando somente a minha satisfação, amarrando-me inutilmente a uma fugitiva liberdade...

A RETÓRICA

Os estudos que realizava tinham por objeto as disputas do Foro, onde deveria distinguir-me dos adversários com tanto maior êxito quanto mais hábeis fossem as mentiras de que me servisse. Obtivera o primeiro lugar na escola de retórica, e sentia-me orgulhoso e inchadíssimo de vaidade. Apesar disso, era muito mais ingênuo do que os outros e totalmente alheio às velhacarias dos *destructores** – nome sinistro que chegou a tornar-se sinônimo de elegância.

Convivia com eles com um descaramento impúdico, para não parecer novato. Mas se é verdade que andava com eles, e às vezes a sua amizade me divertia, jamais me agradaram as suas brincadeiras, as velhacarias com que ridicularizavam insolentemente a candura dos estudantes novatos. Não tinham em mira senão o prazer de enganar e de divertir-se à custa dos outros com as suas chocarrices mal-intencionadas. Chegava a ser demoníaco o que faziam; assentava-lhes bem o nome de *destructores* ou, até melhor, o de perversores – pois já estavam quase loucos e pervertidos pelo demônio, que deles zombava por sua vez, e os enganava sem que eles o percebessem.

Era entre este tipo de gente que naquela altura, numa idade tão perigosa, eu estudava os livros dessa eloquência em que desejava sobressair unicamente para satisfazer a minha própria vaidade.

O ENCONTRO COM A FILOSOFIA

Seguindo o programa usado no ensino dessas matérias, chegou-me às mãos um livro de um certo Cícero, cuja linguagem quase todos admiravam, se bem que não estendessem a mesma admiração ao seu conteúdo.

(*) Como se vê nesta passagem e se verá em outras, os estudantes de todos os tempos não diferem muito; e sempre há alunos de anos mais avançados (os *destructores* ou demolidores) que se encarregam de atormentar com «trotes» os calouros.

Esse livro contém um louvor da filosofia, e chama-se *Hortênsio**. Mudou a minha maneira de pensar, os meus gostos e os meus sentimentos. De repente, pareceu-me que tudo era vazio e inútil, e, de uma maneira em mim inexplicável, comecei a desejar de todo o coração a verdadeira sabedoria. Já não era para polir o estilo que o lia, nem era a forma literária o que nele me interessava, mas o que dizia. Tinha na época 19 anos, e meu pai morrera havia dois; o dinheiro para os estudos, recebia-o de minha mãe.

Motivado por esse livro, desejava ardentemente elevar-me acima das coisas terrenas; sem dúvida era Deus que, sem que eu o soubesse, me atraía para Ele por meio dessa obra, porque nEle está a sabedoria. E o «amor à sabedoria», que as páginas desse livro acenderam em mim, tem um nome grego: filosofia. É verdade que, servindo-se da filosofia, há pessoas que mentem, colorindo e encobrindo os seus erros com um nome tão grandioso como esse: amor à sabedoria. Quase todos os que assim o fizeram, em tempos de Cícero e anteriormente, foram desmascarados e criticados nesse livro. Mas o que nele me atraía era o fato de acender em mim o desejo de amar, buscar, conquistar, reter e abraçar não esta ou aquela escola filosófica, mas a própria Sabedoria, qualquer que ela fosse.

Havia apenas uma coisa que esfriava um pouco este

(*) Marco Túlio Cícero, famoso orador romano, foi também um filósofo eclético, que adotou algumas posições da escola estoica. No livro citado por Santo Agostinho, responde às dificuldades colocadas por Hortênsio contra a filosofia.

grande incêndio: não ver escrito nesse livro o nome de Cristo. Porque eu bebera esse nome com o leite materno, e conservava-o no mais profundo do meu coração. Por isso, tudo o que estivesse escrito sem ele, por verdadeiro, elegante e erudito que fosse, não me atraía totalmente.

Em vista disso, decidi ler as Sagradas Escrituras e ver como eram. Mas descobri nelas algo que não agrada aos soberbos, nem é suficientemente claro para os ignorantes; algo que, de início, parece humilde e de pouca categoria, e depois se mostra sublime e velado de mistérios. Eu era, ao mesmo tempo, demasiado soberbo para baixar a cabeça, e demasiado ignorante para desvelar tanto mistério.

É certo que, ao tomar nas mãos as Escrituras, não pensei então o que digo hoje; simplesmente pareceram-me um livro indigno de comparar-se com a grandeza dos escritos de Cícero. A minha soberba desprezava-lhes o estilo, e a minha ignorância não sabia penetrar no seu conteúdo. As Escrituras são para alimento dos pequenos, e eu não me considerava pequeno; inchado de vaidade, considerava-me já grande demais para perder tempo com a sua leitura.

NO MANIQUEÍSMO

Desta forma, vim a encontrar um grupo de homens que depois percebi não serem mais que uns vaidosos sensuais e charlatães até à saciedade. Só diziam mentiras e erros. Este grupo – os maniqueus – tinha nos lábios uma palavra composta por várias sílabas tomadas de Deus Pai, de Jesus Cristo e do Espírito Santo. Embora usassem continuamente estes nomes, tinham o coração bem longe dEles.

Diziam «Verdade! Verdade!», e diziam-no continuamente; mas a verdade não estava neles. Diziam muitas falsidades, não somente sobre Deus, mas também sobre a ciência humana*.

Verdade! Verdade! Com que intensidade suspirava eu por ela do fundo da minha alma. Eles usavam continuamente essa palavra, e faziam-ma ouvir a toda a hora; mas soava vazia em suas bocas e em seus muitos e volumosos livros, que eram como bandejas em que me ofereciam a mim, faminto de Verdade, outras coisas – o sol, a lua – que não a verdade. Serviam-me esplêndidos fantasmas, e

---

(*) O maniqueísmo, doutrina herética do século III, é uma mistura de elementos da religião persa com o cristianismo. Seu fundador, Mani, Manés ou Maniqueu († 276), adotou intencionalmente esse nome, que significa espírito do mundo luminoso. O maniqueísmo teve grande repercussão e certa aceitação por tentar resolver um problema real e inquietante: o problema do mal. No entanto, a solução que propunha era errônea: baseava-se na formulação de um dualismo extremo, em que se defrontariam mortalmente dois reinos, o espiritual ou da luz e o material ou das trevas.

Desde toda a eternidade coexistiriam dois princípios opostos: Deus, princípio espiritual da luz e fonte do bem, e Satanás, princípio das trevas e do mal. Dessa forma, Satanás seria um deus do mal, o próprio mal subsistente, e todas as coisas materiais, por procederem dele, seriam más. Isto contraria a doutrina cristã, pois o diabo, criado por Deus como anjo bom, tornou-se mau por seu orgulho e sua desobediência; e as coisas materiais procedem de Deus, e por isso são boas.

Esse dualismo é também uma explicação muito cômoda e tranqüilizadora da presença do mal no mundo, e «justifica» de certa forma uma conduta desregrada, atribuindo o mal a um princípio exterior à própria pessoa, que desta forma não teria nenhuma culpa ou responsabilidade pelas ações e pecados que cometesse.

teria sido melhor adorar o sol, verdadeiro pelo menos à vista, do que adorar essas falsidades, tão enganosas para os olhos do corpo como para os da alma.

Mas eu as tomava por verdades, e tragava-as como se fossem a Verdade; não o fazia, porém, com avidez, pois não me sabiam a verdade nem me alimentavam; pelo contrário, cada dia sentia-me mais fraco. Pois a comida sonhada, por mais que se pareça àquela que recebemos quando acordados, e que é a verdadeira, não alimenta porque é sonho, porque é sonhada. Aliás, o que os maniqueus me diziam nem sequer tinha aparência de verdade; mais verdadeiro é o que se vê com os olhos, uma ave, um animal, do que as fantasmagóricas mentiras que eles me apresentavam à guisa de verdades.

Quão longe estavam da Verdade essas iguarias quiméricas que me serviam, fantasmas que jamais existiram, em comparação com as quais uma pedra é mais verdadeira, muito embora a Verdade não sejam nem os corpos nem as outras coisas; nem sequer a alma, que dá vida aos corpos e que é mais verdadeira do que esses mesmos corpos que vivifica. A Verdade é a vida da própria alma, a Vida da vida; essa que vive por si mesma e que não muda.

Mas onde estava, então, a Verdade, para mim? Quão longe, sim, quão longe peregrinava eu fora dela, privado até das bolotas dos porcos que apascentava! Quão melhores eram as fábulas dos literatos e dos poetas do que todos aqueles enganos! A literatura e a poesia, a fábula de Medeia voando pelos ares, são coisas muito mais úteis do que a doutrina maniqueia dos cinco elementos do mundo, distintamente disfarçados segundo as cinco tenebrosas covas*. Ambas são igualmente irreais, mas esta última, além disso, faz mal a quem nela crê. A literatura e a poesia, posso convertê-las em algo de útil; quanto à fábula de Medeia**, embora a recitasse e gostasse de ouvi-la, não acreditava que fosse verdadeira. Mas acreditei nas coisas dos maniqueus.

Pouco a pouco fui mergulhando na escuridão mais completa, cheio de fadiga e devorado pela ânsia de verdade. E tudo isso porque não buscava a verdade com a inteligência, que é o que nos distingue dos animais, mas com os sentidos da carne. E a verdade estava dentro de mim, mais íntima a mim mesmo do que o que há de mais interior em mim, mais elevada do que o que há de mais elevado em mim.

Não conhecia outra coisa, não conhecia o que verdadeiramente é; e, por isso, sentia-me obrigado a aceitar o que aqueles enganadores me diziam quando me perguntavam donde procedia o mal, ou se Deus estava limitado por uma forma corpórea, ou se teria cabelos e unhas, ou se era justo que alguns homens tivessem várias mulheres ao mesmo tempo, ou ainda que as pessoas se matassem umas às outras, ou oferecessem sacrifícios de animais. Ignorante, todas estas perguntas me desorientavam e afastavam da verdade, fazendo-me pensar que me aproxima-

---

(*) De acordo com a doutrina maniqueísta, no princípio do mundo teria havido uma batalha entre o bem e o mal, e os cinco elementos ou poderes do bem (luz, água, fogo, brisa e vento) foram encarcerados e misturados com os elementos maus, de forma que neste mundo o bem e o mal se encontram misturados, tanto nos vegetais como nos animais e nos homens.

(**) Medeia é a personagem principal de uma lenda grega, da qual são famosas as versões de Eurípedes e de Sêneca. Nesta última, é representada a vingança de Medeia, cujo amor por Jasão se transformou em ódio mortal.

va dela. Porque não sabia que o mal não é mais do que privação do bem, privação cujo último termo é o nada. Como podia sabê-lo, se com os meus olhos não via senão corpos, e com os olhos da alma não ia além das aparências?

Também não sabia que Deus é espírito, e que não tem membros, nem quantidade, nem nada de material. Porque a quantidade ou massa, mesmo que imaginemos uma quantidade infinita, não pode estar em toda a parte, como o espírito, como Deus.

Também ignorava o que há no homem que o faz ser, e por que se diz que ele é imagem e semelhança de Deus.

Nem conhecia a verdadeira justiça, aquela que não julga nem pelo costume nem pelas aparências, mas pela Lei de Deus.

EXTRAVAGÂNCIAS HERÉTICAS

Por desconhecer estas e outras muitas coisas, ria-me da vida dos Patriarcas e dos Profetas narrada nas Escrituras. Mas, ao rir-me, a única coisa que fazia era levar Deus a rir-se de mim. Fui caindo pouco a pouco e insensivelmente em coisas ridículas; cheguei a admitir que, quando se arranca um figo com o talo, a árvore chora lágrimas de leite; e que, se algum membro da seita maniqueia o comia, exalava depois, na oração, gemendo e arrotando, anjos e até partículas de Deus, que permaneceriam encerradas para sempre no figo se não fossem libertadas pelos dentes e pelo ventre desse santo e seleto maniqueu.

Também cheguei a admitir, miserável de mim, que se devia ter mais compaixão dos frutos da terra do que dos homens; a ponto de parecer-me que dá-los a algum faminto que não fosse maniqueu seria como matar esses frutos que o necessitado me pedia.

O SONHO DE MÔNICA

Depois daqueles anos em Cartago, abri pela primeira vez uma escola de oratória na minha cidade natal.

Entretanto, minha mãe, fiel cristã, chorava por mim muito mais do que as outras mães costumam chorar sobre o cadáver de seus filhos: porque via a minha morte espiritual, a minha falta de fé. Deus havia de escutar os seus rogos e as suas lágrimas, que regavam o solo em que orava.

Depois do meu regresso a Tagaste, teve um sonho que foi muito significativo para ela; tanto, que depois voltou a admitir-me em sua companhia, pois passara a não me permitir nem isso, tal a aversão que lhe produziam as blasfêmias do meu erro maniqueu.

Nesse sonho, viu-se a si mesma de pé, triste e amargurada, sobre uma espécie de régua de madeira, e um jovem brilhante, alegre e risonho, que vinha ao seu encontro. O jovem perguntou-lhe por que estava triste e por que chorava – não por não sabê-lo, mas para lhe dar oportunidade de contar o verdadeiro sentido das suas lágrimas. Ela respondeu-lhe que chorava por mim, porque me via perdido. O jovem, porém, disse-lhe que se tranquilizasse e que olhasse, pois onde ela estava, estava eu também; e ela olhou, e viu-me junto dela, de pé, sobre a mesma régua de madeira.

Minha mãe contou-me mais tarde o seu sonho, e eu

quis convencê-la de que significava o contrário do que ela interpretara, isto é, que não devia desesperar de também ela vir a ser algum dia maniqueia como eu. Respondeu-me imediatamente, sem vacilar um instante: «Não me foi dito: "onde ele está, estás tu", mas "onde estás tu, está ele"!»

Esta resposta arguta de minha mãe impressionou-me mais do que o próprio sonho que me contou, porque vi que não se perturbou com uma explicação distorcida como a minha.

Foram necessários, porém, quase nove anos mais para que se realizasse o sonho de minha mãe. Entretanto, continuei a revolver-me naquele abismo de lama, entre as trevas do erro, afundando-me tanto mais quanto maiores eram os esforços que fazia para sair dele. E aquela piedosa viúva, casta e sóbria, já um pouco mais alegre pela esperança da minha conversão, mas não menos preocupada em suas orações, não se cansava de chorar por mim, na presença de Deus, durante todo o tempo que dedicava a orar.

A RESPOSTA DO BISPO

Pouco depois, minha mãe pediu a um certo bispo que falasse comigo para que me convencesse dos meus erros e me ensinasse a boa doutrina; fazia isto com todas as pessoas que considerava suficientemente idôneas. O bispo negou-se muito prudentemente a atendê-la, respondendo-lhe que eu estava incapacitado para receber qualquer ensinamento, pois me encontrava fanatizado pela novidade da heresia maniqueia; e porque, como minha mãe lhe contara, eu já encostara à parede muitos ignorantes com as minhas discussões. E acrescentou:

– Deixe ficar as coisas como estão, e limite-se a rogar por ele ao Senhor; ele mesmo descobrirá o seu erro lendo os livros dos maniqueus.

Contou-lhe então que ele próprio, em criança, fora levado pela mãe aos maniqueus; e que chegara não somente a ler, mas até a copiar quase todos os escritos dessa seita. Sem necessidade, porém, de que alguém o convencesse ou discutisse com ele, chegara a perceber como era desprezível semelhante heresia, e por fim a abandonara.

Mas minha mãe não se tranquilizou com isso, e voltou a insistir, chegando a chorar ao pedir-lhe que me visse e discutisse comigo; e ele, já cansado da sua importunidade, disse-lhe:

– Vá em paz e fique tranquila; não é possível que morra o filho de tantas lágrimas.

Ela recebeu esta resposta – e assim o recordava muitas vezes nas suas conversas comigo – como vinda do céu.

A MORTE DE UM AMIGO

ANOS DE ERRO

Durante nove anos – dos dezenove aos vinte e oito – fui ao mesmo tempo seduzido e sedutor, enganado e enganador. Umas vezes publicamente, por meio das doutrinas chamadas liberais; outras ocultamente, dando à nossa seita secreta o nome de religião. Comportava-me como um soberbo na minha atividade, como um supersticioso na minha religião, e sempre como um homem vazio. Na minha atividade pública buscava a popularidade; no teatro, os aplausos; nos certames poéticos, o êxito e a rivalidade na disputa de uma coroa de feno, a montagem dos espetáculos e o desenfreio da concupiscência.

A par disso, desejava vivamente purificar-me das minhas imundícies, e levava alimentos aos chamados santos e eleitos da minha seita, para que na oficina do seu estômago nos fabricassem anjos e deuses que nos libertassem... Este era o tipo de extravagâncias em que vivia com os meus amigos, enganados como eu e por mim.

Ao ler isto, talvez se riam orgulhosamente os que ainda não foram humilhados e felizmente vencidos por Deus; mas eu conto todos os meus erros passados em seu louvor, porque me livrou deles.

Durante aqueles anos, ensinei Retórica em Cartago. Como desejava ter dinheiro, vendia a minha loquacidade a preço bem elevado, o que não significa que preferisse ganhar dinheiro a ter bons discípulos. Sem enganá-los, ensinava-lhes a arte de enganar, não para que a usassem contra o inocente, mas para que defendessem os acusados. Mas essa minha boa intenção, exercida no ensino com aqueles que, como eu, amavam a vaidade e a mentira, era como uma fagulha vacilante num chão resvaladiço, no meio de muita fumaça.

Nesses anos vivia, como já disse, com uma mulher, não unido a ela pelo que se conhece por legítimo matrimônio, mas pela minha obscura e insensata paixão; vivia, porém, somente com uma, e a ela guardava fidelidade. Com ela pude experimentar como o amor conjugal, estabelecido para gerar graça de Deus, é diferente desse pacto de amor impuro, em que as crianças nascem contra vontade, ainda que, uma vez nascidas, venham a ser amadas.

Recordo também que certa vez decidi participar de um certame de poesia; e mandou-me perguntar não sei que adivinho quanto estava disposto a dar-lhe para sair vitorioso. Sempre odiei e repeli esses detestáveis conjuros, e respondi-lhe que não queria que sacrificasse pelo meu triunfo nem sequer uma mosca, mesmo que estivesse em jogo a coroa de ouro imortal, pois nesses sacrifícios se matavam animais e se invocava a ajuda dos demônios. Mas devo dizer que esta negativa minha não foi devida ao respeito a Deus, mas à doutrina maniqueia sobre o resplendor divino dos corpos*. Portanto, ao seguir essa superstição, nada mais fazia do que sacrificar-me a mim próprio aos demônios, a quem os meus erros serviam de divertimento e de burla**.

ASTROLOGIA

Também consultava com frequência esses astrólogos impostores que a si mesmos se chamam «matemáticos». Dirigia-me a eles porque nas suas adivinhações quase nunca lançavam mão de sacrifícios nem conjuravam espírito algum. Deles aprendi novos erros, com os quais pretendiam destruir a eficácia das palavras de Cristo. Diziam: «A necessidade de pecar vem do céu», ou: «Isto foi feito por Vênus ou Saturno ou Marte»; tudo com o fim de mostrar que a culpa das más ações humanas se deve ao criador e ordenador do céu e das estrelas, e não ao homem.

Havia um homem sábio, muito versado em medicina e muito famoso, que, na época em que era procônsul, pôs

---

(*) Na doutrina maniqueísta, o resplendor divino dos corpos seria uma consequência de existirem muitas partículas luminosas nos vegetais, nos animais e no homem.

Essas partículas luminosas, provenientes de Deus, teriam sido encarceradas dentro dos corpos pelo demônio, durante a luta que teria havido no início do mundo. A quantidade de partículas seria variável de acordo com os corpos, e isso fazia com que os maniqueus fossem vegetarianos, pois os vegetais, ainda que maus, continham – segundo eles – mais elementos luminosos do que os animais, que seriam mais impuros.

(**) Por um raciocínio semelhante ao anterior, a moral maniqueia proibia matar qualquer ser vivo; assim Agostinho contribuiu, indiretamente nessa ocasião, para que não se sacrificassem animais em honra do demônio. No entanto, como afirma logo adiante, o fato de não matar animais e não comer carne manifestava uma atitude de escravidão a leis, proibições e, no fundo, superstições, que não eram de Deus.

com as suas próprias mãos a coroa de vencedor das festas sobre a minha cabeça enferma. Fiz-me muito amigo dele: visitava-o com frequência e escutava com atenção as suas palavras, sérias e agradáveis, não pela elegância da sua linguagem, mas pela viveza das suas afirmações.

Ao longo das nossas conversas, descobriu que eu lia livros de astrologia e, como um pai, admoestou-me com delicadeza a não gastar inutilmente o meu tempo e o meu trabalho nessas tolices. Disse-me que devia dedicar-me a coisas úteis. Acrescentou que ele também se dedicara na juventude à arte da adivinhação, para ganhar a vida; pensara que, se tinha podido entender Hipócrates*, da mesma maneira poderia entender aqueles livros. Mas logo trocou esses estudos pelos da medicina, simplesmente por ter percebido que eram completamente falsos; e, como homem sério que era, não queria buscar o seu sustento econômico enganando os outros.

Dizia-me:

— Mas tu, que não necessitas das tuas aulas de Retórica para viver, não segues estes enganos por dinheiro, mas por curiosidade; mais uma razão para acreditares no que te digo, pois estudei-os a fundo com a única intenção de viver do exercício da astrologia.

Perguntei-lhe como poderia explicar que muitas das coisas prognosticadas pela astrologia depois se mostrassem corretas. Respondeu-me que era por puro acaso, que o acaso está como que esparramado por todas as coisas da natureza, e que por isso às vezes se acerta.

(*) Trata-se do maior médico da Antiguidade, grego da ilha de Cós, que viveu no século V a.C.

Dizia:

– Às vezes, quando se folheia um poeta, leem-se versos que correspondem exatamente ao tema que nesse momento preocupa o leitor, ainda que o autor os tenha escrito pensando em outra coisa. Por isso, não há nada de estranho em que a alma humana, movida por uma espécie de instinto superior, sem percebê-lo – não por ciência, mas por puro acaso –, diga alguma coisa que corresponda à situação e às preocupações daquele que pergunta.

Foi o que me aconselhou aquele amigo médico, procônsul em Cartago; o seu conselho, ainda que na época eu não o tivesse seguido, gravou-se-me na memória e mais tarde indicou-me o caminho a seguir.

Mas nem ele nem o meu querido amigo Nebrídio, jovem adolescente muito bom e muito prudente, que zombava de todo o tipo de artes divinatórias, conseguiram persuadir-me a deixar essas tolices; arrastava-me mais a autoridade daqueles matemáticos e astrólogos do que a deles, e, além disso, nenhum argumento contrário me parecia inteiramente convincente. No fundo, porém, desejava realmente que alguém me demonstrasse sem ambiguidades que as adivinhações dos astrólogos às vezes se revelam corretas, não pela observação dos astros, mas por simples acaso.

A MORTE DE UM AMIGO

Fiz-me amigo de um antigo condiscípulo, e a ele me afeiçoei extraordinariamente; tinha a minha idade, e ambos éramos jovens. Quando crianças, fôramos criados juntos, ainda que não tivéssemos chegado a ser tão amigos como o fomos depois, embora mais tarde não o tenhamos sido tanto como o exige a verdadeira amizade, pois não há verdadeira amizade fora daquela que está unida pelo amor de Deus.

Seja como for, essa amizade era para mim extremamente agradável, pois se alimentava do interesse comum pelos mesmos estudos. Eu até conseguira afastá-lo da fé cristã, que pouco se arraigara na sua adolescência, fazendo-o interessar-se por essas superstições prejudiciais que eu seguia e de que minha mãe se queixava. Este homem seguia já comigo os mesmos erros, e eu não podia viver sem ele.

Mas nem tinha chegado a desfrutar por um ano da sua amizade, mais agradável para mim do que todas as satisfações da vida, quando de repente morreu. Um dia acometeu-o uma febre alta, e esteve muito tempo sem sentidos, banhado num suor de morte; quando voltou a si, sem que o percebesse, batizaram-no. Não me importei com isso, persuadido de que a sua alma reteria os meus ensinamentos com muito mais força do que aquilo que recebera no corpo sem o saber.

A realidade, no entanto, foi outra. Melhorou pouco a pouco e, quando já estava fora de perigo, assim que pude falar-lhe – isto é, assim que ele também pôde, pois eu não me afastava nem por um momento do seu lado –, tentei ridicularizar o seu batismo, pensando que ele próprio riria comigo. Pois se recebera o batismo sem conhecimento, agora já sabia que o recebera. Mas ele, olhando-me horrorizado, como se eu fosse um inimigo, cortou-me a palavra com uma admirável e repentina liberdade de espírito, e disse-me que, se queria continuar a ser seu amigo, não lhe falasse daquela maneira.

Fiquei confuso e surpreendido, e esforcei-me por calar, à espera de que convalescesse primeiro e, uma vez recuperada totalmente a saúde, estivesse com outro ânimo para podermos tratar do que eu quisesse. Mas poucos dias depois, estando eu ausente, voltou-lhe a febre e morreu.

Que dor terrível para o meu coração! Tudo o que via ao meu redor entristecia-me; a cidade se me fazia insuportável, e a minha casa um tormento. Tudo o que tivera alguma relação com ele recordava-me a sua memória, e era para mim um contínuo martírio. Buscava-o por toda a parte, e já não estava; cheguei a odiar todas as coisas porque já não podiam dizer-me, como antes: «Aí está ele, aí vem ele...» Perguntava à minha alma por que andava atormentada e triste, e nada me sabia responder. Se lhe dizia: «Espera em Deus», não me obedecia, porque Deus era para mim como um fantasma irreal, e o amigo que acabava de perder me era muito mais querido e verdadeiro. Só chorar me consolava.

Vi-me como um miserável prisioneiro do amor, que se sente despedaçar por ter perdido esse amor, e esmagava-me ainda mais a minha própria miséria porque já era miserável antes de me terem arrancado esse amor. Eis o que era nesse tempo: chorava amargamente e descansava na amargura.

Mas devo dizer que, muito mais do que amar o meu amigo, o que eu amava era a minha própria vida; parece-me que não teria querido perdê-la por ele. Não sei que estranho sentimento nasceu em mim: por um lado, sentia um grande tédio de viver e, por outro, um terrível medo da morte. Acho que, quanto mais amava o meu amigo perdido, mais odiava e temia a morte, como um cruel inimigo que mo havia arrebatado, e pensava que a morte acabaria com todos os homens e comigo.

Maravilhava-me que, uma vez morto o meu amigo, as pessoas continuassem a viver, como se jamais tivessem de morrer; e maravilhava-me mais que, tendo morrido aquele a quem tanto quisera, continuasse eu a viver. Como se exprimiu bem o poeta Horácio, quando chamou ao seu amigo «metade da sua alma»!

Eu também senti que a minha alma e a do meu amigo não eram mais do que uma em dois corpos; e por isso, viver causava-me desgosto; não queria viver a meias, e talvez temesse a minha própria morte para que não morresse totalmente aquele a quem eu tanto amava.

Assim chorava eu e me angustiava, sem encontrar descanso nem consolo. Trazia a alma despedaçada e ensanguentada, ansioso por aquietá-la e sem encontrar lugar de repouso. Não descansava sequer na solidão dos bosques, nem nas festas ou cânticos, nem nos esplêndidos banquetes, nem nas alegrias do leito e do meu lar, nem finalmente na leitura ou nos poemas. Tudo me enfastiava, exceto lamentar-me e chorar: somente nisso encontrava certo descanso. E se procurava pensar em outra coisa, esmagava-me o pesado fardo da minha própria miséria.

Sabia que Deus podia curar a minha alma, sabia-o; mas não queria nem podia; tanto mais que a ideia que tinha de Deus não era algo real e firme, mas um fantasma, um erro. E se me esforçava por levantar a minha alma a Deus, à procura de descanso, imediatamente resvalava como quem pisa em falso, e caía novamente sobre mim mesmo; eu era para mim como uma morada inabitável, onde não se pode estar e donde não se pode sair. Para onde podia fugir o meu coração, de maneira a esconder-se do meu coração? Como fugir de mim mesmo? Para onde podia ir, sem me seguir a mim mesmo?

Fugi então da minha pátria, pois pensei que os meus olhos buscariam menos o meu amigo onde não o pudessem ver. E assim deixei Tagaste e retornei a Cartago.

O AMOR QUE NUNCA MORRE

O tempo não descansa nem passa inutilmente pelos sentidos; pelo contrário, deixa na alma efeitos às vezes maravilhosos.

Vinham e passavam os dias, uns depois dos outros, e, vindo e passando, deixavam em mim novas recordações e esperanças; devolviam-me pouco a pouco aos meus antigos prazeres, e a minha antiga dor cedia terreno, não certamente a novas dores, mas a motivos para novos sofrimentos.

Eu sofria por qualquer coisa, com muita facilidade e no mais íntimo de mim mesmo, pois deixara derramar-se a minha capacidade de amar como se fosse areia, e amara um ser que era mortal como se jamais pudesse morrer.

O que mais me consolava e alegrava eram as diversões com outros amigos, junto dos quais desfrutava de coisas que me substituíam o desejo do verdadeiro amor; quer dizer, amava uma enorme patranha e uma imensa mentira, a seita maniqueia – a cujo contato adúltero se corrompia a minha alma, levada pela comichão de ouvir o que lhe lisonjeava as paixões. E essa mentira não morrera em mim, apesar de ter morrido o meu amigo.

Mas havia outras coisas que me atraíam com mais força, como conversar e rir com os amigos, ajudarmo-nos mutuamente, ler juntos bons livros, distrair-nos e divertir-nos juntos... Por vezes discutíamos, mas sem nos zangarmos, como quando não se está de acordo consigo mesmo; além disso, com essas discussões – aliás muito raras –, ganhavam sabor as outras muitas vezes em que estávamos de acordo. Atraía-me também o fato de aprendermos coisas uns dos outros, de sofrermos juntos se alguém nos deixava, de nos alegrarmos com a chegada de outro...

Com estas e outras coisas parecidas, próprias dos que se querem, e que se manifestam no falar, ou por um olhar, ou com mil gestos agradáveis, aquecia-se e inflamava-se a nossa amizade, e assim as nossas almas, sendo muitas, fundiam-se numa só.

Isto é o que se ama nos amigos, e de tal modo é assim que a consciência humana se considera culpada se não corresponde afetivamente a quem nos amou primeiro. Por isso se chora quando alguém morre, e se sente dor, e o coração se aflige, e tudo se transforma em amargura; por isso parecem morrer os que continuam vivendo, quando aqueles a quem se amava perdem a vida.

Feliz aquele que ama a Deus, e ama tanto o amigo como o inimigo no amor dEle, porque não pode perder um amigo quem tem a todos como amigos dAquele cujo amor nunca se perde. Para qualquer lado que o homem se volte, em busca de apoio longe de Deus, encontrará sempre a dor, ainda que encontre algum consolo nas belezas da vida, as quais não seriam nada se Deus não lhes desse a formosura.

E tudo nasce e depois morre. Quando nascem, as coisas começam a ser, e crescem para ser perfeitas, e logo que o são começam a envelhecer e morrem. E se nem todas as coisas envelhecem, todas morrem. Quanto mais depressa crescem e se tornam perfeitas, tanto mais depressa vão para a morte e para o nada. Esta é a condição das coisas da vida. Deus só lhes deu isso, porque são apenas partes, e não existem todas ao mesmo tempo: enquanto umas vão morrendo, outras as substituem, e assim compõem todas o conjunto que é a vida.

Não se apegue a essas coisas que morrem o visco do nosso amor, a carne, pois as coisas caminham para o não-ser e dilaceram a alma; a alma quer ser, e deseja descansar nas coisas que ama, mas não encontra onde, porque essas coisas não permanecem nem duram, fogem – e quem pode segui-las somente com os sentidos da carne? Quem pode compreendê-las como são, mesmo quando estão presentes? Torpe é o sentido da carne porque é sentido de carne, e essa é a sua condição. A carne basta para o fim para o qual foi criada, mas não basta para saciar toda a sede de amor, nem para deter a corrida das coisas que se escapam desde o seu princípio até o fim que lhes está assinalado.

Mas naquela altura eu nada sabia dessas coisas, e amava o que foge, a beleza que murcha e morre, e deste modo caminhava para o abismo. E dizia aos meus amigos: «Há algo que possamos amar, a não ser a beleza? Que é a beleza, o formoso? Que é que nos atrai e ata às coisas que amamos, senão a sua formosura? Pois se não houvesse nas coisas nem graça nem formosura, não poderiam atrair-nos de maneira nenhuma».

Percebi que nos corpos uma coisa é o todo que, como

tal, é belo, e outra é o que lhes é adequado, por ajustar-se bem a alguma coisa, como por exemplo uma parte do corpo em relação ao seu conjunto, como o calçado em relação ao pé, e outras coisas semelhantes. Esta consideração brotou-me do íntimo do coração, e escrevi um tratado sobre O *belo e o conveniente*; não sei se foram dois ou três livros, porque já os esqueci e não os conservo; perdi-os não sei como.

ELOGIO A HIÉRIO

Hoje, já não saberia dizer o que foi que me levou a dedicar esses livros a um orador de Roma chamado Hiério, a quem eu não conhecia pessoalmente, mas que admirava por ter fama de sábio e por me terem chegado ao conhecimento, e agradado, algumas das suas opiniões. Tinham-me agradado, porém, principalmente porque tinham agradado aos outros. Louvavam-no com elogios entusiásticos, admirados de que um homem sírio como ele, educado na eloquência grega, tivesse chegado a ser um orador admirável em latim e conhecesse perfeitamente todas as matérias que tornam sábio um homem. Era louvado e querido por todos os intelectuais de Cartago, apesar de não viver nessa cidade.

Naquela época, eu admirava as pessoas pelo juízo dos homens, e por isso enganava-me muitas vezes. É claro que não admirava Hiério como se admira um célebre auriga ou um famoso caçador, como o faz a massa, mas de um modo muito diferente e mais sério – tal como eu, na época, desejaria ser admirado. Porque, na verdade, nunca teria querido para mim a popularidade de um histrião, por mais que reconheça os seus méritos e os admire; prefiro mil vezes ser ignorado e mesmo desprezado a ser aplaudido dessa maneira.

Mas aquele orador, Hiério, era dos que eu admirava: e desejava ser como ele, arrastado pelo meu orgulho. Sim, com certeza admirava-o mais pelo fato de ser admirado por todos do que pelas coisas que lhe louvavam. Se não fosse admirado por todos, mas desprezado e insultado, por mais que me contassem dele os mesmos méritos, certamente não me teria atraído nem movido o desejo de imitá-lo – fossem os seus méritos os mesmos, e ele também o mesmo, e apenas diferente a fama.

Isto é próprio de uma alma débil como a minha, sem nenhuma firmeza na verdade, levada de cá para lá segundo os ventos da opinião pública; apaga-se assim a luz e não se vê a verdade, mesmo que esteja diante dos nossos olhos.

Considerava importantíssimo que aquele homem conhecesse os meus escritos e os meus estudos, pois, se os achasse bons, certamente despertaria em mim uma admiração ainda maior; e se os recusasse, faria sufocar o meu débil e vazio coração. Se bem que, para dizer a verdade, eu lia e relia satisfeito esse meu tratado sobre *O belo e o conveniente*, e o admirava a sós na minha imaginação, sem necessitar de que mais ninguém o louvasse.

Nesse trabalho, analisava as formas corpóreas e definia o belo como o que se harmoniza consigo mesmo, e o conveniente como o que se harmoniza com outro. E os distinguia e definia, e os explicava com exemplos. Daí passava à natureza da alma, mas aqui a falsa ideia que fazia das coisas materiais não me deixava ver a verdade. É tanta a luz da verdade que, por tê-la diante dos olhos, tinha que afastar a minha mente do incorpóreo e ater-me a figuras, valores e medidas; e como não podia ver estas coisas na alma, concluía que era impossível conhecer a alma.

Ao ver que era amável a paz trazida pela virtude, e odienta a intranquilidade produzida pelo vício, percebia na virtude uma certa unidade, e no vício uma como que divisão. Pareceu-me que nessa unidade residiam a alma, a verdade e o bem; e na divisão o irracional e o mal – que não deixaria por isso de ser algo substancial e também verdadeira vida. Àquela unidade chamava *mônada*, como a alma sem sexo; e à divisão chamava *díada*, como a ira nos crimes e o desejo carnal nas paixões. Mas não sabia bem o que dizia; não sabia – e ninguém mo ensinara ainda – que o mal não é substância alguma, nem que a nossa alma é um bem supremo e imutável.

Assim como se comete um crime quando a alma se deixa levar pelo desejo do vício ou não refreia os afetos de que nascem os prazeres carnais, da mesma maneira os erros e as opiniões falsas turvam a vida, se a alma estiver viciada. E viciada estava a minha, sem saber que devia ser iluminada por outra luz exterior a ela, para poder participar da verdade, porque a minha alma não era uma só coisa com a verdade.

Esforçava-me por chegar à verdade, mas era repelido por ela, ou melhor, era repelido por Deus, porque Deus resiste aos soberbos. Haverá soberba maior do que afirmar com inaudita loucura que eu era por natureza o mesmo que a Verdade? Eu sou mutável, e assim me reconhecia, já que, se queria chegar a ser sábio, isso significava que devia ir do menos ao mais.

Mas preferia pensar que é mutável a verdade, a pensar que eu mesmo o sou. E só sabia imaginar formas corporais, e a carne clamava pela carne, e o meu espírito errante ia para as coisas que não são, para as coisas imaginadas pelo meu vazio. Aos que me escutavam, dizia-lhes que a substância divina era capaz de erro, antes do que admitir que era eu que estava errado.

Devia ter vinte e seis ou vinte e sete anos quando escrevi esses livros sobre O *belo e o conveniente*.

AS «CATEGORIAS» DE ARISTÓTELES

Recordo que, aos vinte anos, mais ou menos, vieram-me às mãos uns escritos de Aristóteles intitulados *As categorias**. Meu mestre de Retórica em Cartago, como também outros tidos por sábios, citavam-nos com grande ênfase, e assim despertaram em mim o desejo de lê-los como se se tratasse de algo grandioso e quase divino. Li-os mais tarde e consegui entendê-los sozinho, e não sei de que me serviu.

Parecia-me que esses escritos diziam coisas muito claras acerca das substâncias, como, por exemplo, o homem, e do que nelas se contém, como a figura do homem ou a

---

(*) As *categorias* (ou predicamentos) é o título do primeiro tratado da Lógica (Organon) de Aristóteles, que foi o único livro desse filósofo a ser conhecido na alta Idade Média. As dez categorias estão representadas pela substância e pelos nove acidentes.

A substância é a essência de cada coisa, aquilo que define a espécie a que ela pertence; Santo Agostinho dá como exemplo de substância o homem. Os acidentes são determinações secundárias, que não afetam a essência da coisa, como por exemplo quantidade, qualidade, lugar, relação, tempo etc., dos quais Santo Agostinho dá alguns exemplos concretos.

estatura, a altura, de quem recebeu o ser ou quando foi concebido, se está de pé ou sentado, se está calçado ou armado, se faz alguma coisa ou a padece, e enfim tantas coisas que se acham compreendidas nesses nove predicamentos ou gêneros supremos.

Digo que nada disso me serviu; pelo contrário, fez-me mal, porque julguei que nesses dez predicamentos estão compreendidas absolutamente todas as coisas. Esforçava-me, pois, por aplicá-los também a Deus* – Ser maravilhosamente simples e imutável –, como se essas coisas fossem predicados seus, como se Ele fosse um corpo. Na verdade, Deus e a sua grandeza e beleza são uma e a mesma coisa, ao contrário do que ocorre com os corpos, que não

---

(*) Como se sabe, em Deus não pode haver acidentes de nenhum tipo, como quantidade, que dá a extensão, o peso e o volume; nem qualidades do tipo cor, temperatura, sabor, pois os acidentes, sendo determinações secundárias, finitas e mutáveis, implicam, em última análise, complexidade e imperfeição, coisa imprópria de Deus.

Tudo o que se aplica a Deus deve ser aplicado a modo de substância, isto é, como sendo a própria essência. Assim, Deus não é um ser que tenha uma parcela de bondade, de beleza ou de verdade: Deus é a própria Bondade, Beleza e Verdade, e todas as demais perfeições reunidas numa unidade perfeita. São Tomás, aprofundando na metafísica, vai mais longe, ao afirmar que todas essas perfeições, existentes em grau supremo em Deus, se identificam e se enraízam numa só: no Existir Subsistente. Só analogicamente se lhe poderia aplicar o conceito de substância ou essência.

Para nós, é difícil conceber o que seja o próprio Ato de Ser (Existir) Subsistente, e que não tenha acidentes, pois o nosso conhecimento começa e baseia-se nos sentidos, que estão por sua vez apoiados nos acidentes externos das coisas: figura, dimensão, tamanho, cor, etc. No entanto, a via de acesso a Deus passa necessariamente pelas criaturas, pelos seres que vemos e apalpamos. Para chegar à causa (Deus criador), devemos partir dos efeitos (os seres criados). É necessário, portanto, um esforço de abstração para remover de Deus todas as imperfeições que vemos nas criaturas e para aplicar a Ele, em grau máximo e ilimitado, e numa unidade perfeitamente simples, toda a variedade de perfeições existente no universo.

são grandes nem belos por serem corpos, e que, se fossem menores e menos belos, continuariam a ser corpos. Era falso, portanto, tudo o que eu pensava de Deus.

Também de nada me servia ler todos os livros que pude conseguir sobre as Artes Liberais*, pois estava como que escravizado pelas minhas más inclinações. Gostava de lê-los, mas não sabia donde provinha a verdade que neles se encontrava, porque vivia de costas para a luz; e por mais que fizesse as minhas buscas entre as coisas iluminadas, não era iluminado.

Aprendi sem ajuda de professor tudo o que li sobre Retórica, Dialética, Geometria, Música e Aritmética, porque era rápido em entender e tinha engenho para distinguir as coisas. Servem pouco tão boas qualidades se não se usam bem! Nem sequer imaginava que esses temas fossem difíceis de entender, mesmo para os estudiosos e os inteligentes, até que tive de explicá-los; então vi que aqueles que menos vagarosamente os compreendiam eram com efeito os mais destacados.

Mas digo que de pouco me serviam essas qualidades, pois aproveitava-as mal, e julgava que Deus era como um corpo luminoso e imenso, e eu uma parte desse corpo. Não me servia para nada, repito, essa inteligência ágil em aprender as doutrinas e em explicar com clareza tantos e tão arrevesados livros, sem que ninguém precisasse explicar-me, se eu estava totalmente enganado a respeito de

---

(*) As artes liberais constituíam a base da educação na Antiguidade e, em boa parte, na Idade Média. Eram sete, e dividiam-se em dois grupos: o *trivium*: Gramática, Dialética e Retórica, e o *quadrivium*: Música, Aritmética, Geometria e Astronomia. Santo Agostinho enumera algumas no parágrafo seguinte.

Deus como estava. Muito mais proveito têm os de inteligência lenta, se estão próximos de Deus, seguros e cobrindo-se de penas no ninho da Igreja, nutrindo as asas da caridade com o sadio alimento da fé. A nossa fortaleza, quando é somente nossa, é fraqueza.

A CAMINHO DA CONVERSÃO

MANES E FAUSTO

Quando fiz vinte e nove anos, pude conhecer um dos bispos maniqueus, chamado Fausto, que veio por fim a Cartago. Convencia a muitos com o encanto sedutor da sua eloquência; e embora eu também louvasse a sua habilidade retórica, sabia distingui-la da verdade que anelava conhecer. Não me importava tanto a qualidade do prato da linguagem como a do alimento de ciência que nele me servia esse tão famoso Fausto. Tinha chegado até mim a fama de que era um homem doutíssimo em todo o tipo de ciências, e sumamente instruído nas artes liberais.

Como eu já lera muitas coisas dos filósofos e me lembrava bem delas, comparava-as com as longas patranhas do maniqueísmo; e pareciam-me muito mais acertadas as doutrinas dos filósofos, que chegaram a avaliar melhor as coisas do mundo, mesmo que não tenham encontrado o seu Criador, Deus.

Somente com a sua inteligência e o seu engenho souberam esses homens investigar essas coisas, e descobriram muitas outras, e predisseram com muitos anos de antecedência os eclipses do sol e da lua, o dia e a hora em que viriam a acontecer, e a parte que se ocultaria, sem jamais falharem nos seus cálculos; sempre sucede como eles o predisseram. Deixaram até escritas as regras que descobriram, que hoje são ensinadas nas escolas.

Os ignorantes admiram-se e ficam pasmados diante destas maravilhas, e aqueles que as conhecem exaltam-se e tornam-se vaidosos, e na sua soberba afastam-se da verdadeira Luz e se eclipsam. Sabem enxergar com muita antecedência as manchas que hão de ser vistas no sol, e não veem as suas próprias, as que têm diante de si, porque não investigam donde lhes vem a inteligência, e mesmo quando percebem que a receberam de Deus, dão glória a si mesmos, ao invés de dá-la a Deus.

Ia dizendo que recordava então o que lera de verdadeiro nos livros dos filósofos a respeito dos números, da sucessão das estações, da comprovação dos fatos, etc., e comparava-o com os escritos de Manes, que escreveu muito sobre todas essas coisas. E via que dizia tolices sem tino nem medida, que não dava uma explicação adequada dos solstícios e equinócios, dos eclipses do sol e da lua, e de outras coisas semelhantes que eu lera nos livros daqueles sábios.

Quem tinha pedido a esse Manes que escrevesse sobre Astronomia? Não é necessário saber Astronomia para chegar a ser piedoso e amar a Deus! Poderia perfeitamente desconhecer Deus e saber Astronomia, mas, como não a conhecia, e se atreveu a falar dela com tanto descaramento, indicava claramente que também não tinha amor a Deus.

Por vaidade, pode-se alardear que se possui determinada ciência humana, mas é uma desvergonha inaudita alardear aquilo que se ignora, e Manes falou demasiado do que não sabia; ao ser descoberto pelos sábios da Astronomia como um ignorante, viu-se claramente o crédito que podia merecer em outros temas mais difíceis.

Não há dúvida de que não queria ser tido por ignorante; pelo contrário, empenhou-se em persuadir os outros de que tinha em si, pessoalmente, o Espírito Santo. Desta maneira, ao descobrir-se como estava errado nas coisas que dizia sobre o céu e as estrelas, e o curso do sol e da lua – embora isto não pertencesse à sua doutrina religiosa –, viu-se que o seu atrevimento era sacrílego: dizia coisas que não só não sabia, mas que além disso eram falsas; e dizia-as com tanta soberba e vaidade, que pretendia que os demais cressem nas suas palavras, como se as houvera pronunciado uma Pessoa divina.

Quando vejo alguém que ignora estas coisas e as confunde, suporto com paciência o seu modo de pensar. Ainda que desconheça a posição e a natureza das coisas corpóreas, não vejo que isso o prejudique em nada, contanto que não atribua a Deus coisas indignas dEle. Mas se pensasse que os temas que desconhece e confunde pertencem à essência da piedade, e se atrevesse a afirmar com pertinácia o que ignora, certamente faria mal a si mesmo – ainda que talvez se possa suportar semelhante fraqueza, por caridade, em alguém que esteja nos começos da fé, até que cresça e o seu homem novo chegue a ser *varão perfeito*, e já não possa ser jogado de cá para lá por *qualquer vento de doutrina*.

Mas esse Manes, que se atreveu a fazer-se mestre, autor, guia e cabeça daqueles que tentava convencer, e ainda queria que os seus seguidores cressem que seguiam não um homem, mas o próprio Espírito Santo... Quem não estará comigo em julgar que tão grande loucura deva ser repelida e lançada tão longe quanto possível?

Digo isto agora; na época, porém, não tinha averiguado claramente se o que lera em outros livros sobre as mudanças dos dias e das noites, uns mais longos e outros mais curtos, sobre a sucessão do dia e da noite, dos eclipses do sol e da lua, e outras coisas semelhantes, poderiam ou não explicar-se segundo a doutrina maniqueia. Na dúvida, pretendia, pois, ater-me, não ao meu critério, mas à autoridade desse Fausto, pela grande fama de santo que tinha.

A ELOQUÊNCIA DE FAUSTO

Durante os nove anos em que o meu espírito errante escutou os maniqueus, esperei com impaciência a chegada desse anunciado Fausto. Os outros maniqueus, com quem me encontrava fortuitamente, não sabiam responder-me aos problemas que lhes propunha, e diziam-me que, em chegando, Fausto resolveria facilmente, com uma simples entrevista, todas as minhas dificuldades e até outras maiores que pudessem vir a ocorrer-me, por difíceis que me parecessem.

Quando o vi, percebi que era um homem simpático, de conversa agradável, e que discorria com elegância sobre as mesmas coisas que sempre ouvira aos maniqueus. De que me servia, porém, essa elegância, ainda que apresentada em taça de pedras preciosas? Eu já estava cansado de ouvir semelhantes teorias, e não me pareceram mais acertadas por estarem mais bem ditas, nem mais verdadeiras por estarem mais bem expostas, nem mais sábias por ser mais atrativo o rosto que as expressava e mais culta a linguagem! Não, não ponderaram bem as coisas aqueles que me recomendaram Fausto como um homem sábio e prudente, apenas porque se encantavam com as suas palavras. Agiram ao contrário desse outro tipo de pessoas que conheço, as quais logo suspeitam de qualquer verdade – e se negam a reconhecê-la –, se está exposta em linguagem excessivamente refinada e cuidada.

Eu já sabia, por aquela época, que uma afirmação não se torna verdadeira por estar expressa com elegância, nem falsa por ser dita em linguagem rude; como, aliás, também não é verdadeiro tudo o que se diz descuidadamente, nem falso tudo o que se expressa num estilo brilhante. A sabedoria e a ignorância são como os alimentos, úteis ou nocivos; e as palavras, elegantes ou toscas, são como pratos finos ou grosseiros, em que se podem servir tanto uns alimentos como outros.

E foi assim que a ânsia com que esperara durante tanto tempo por aquele homem se dissolveu afinal no simples prazer de acompanhar a agilidade e o entusiasmo das suas discussões, as palavras perfeitamente adequadas que usava e a facilidade com que elas lhe ocorriam para expressar as suas ideias. Gostava de escutá-lo, é verdade, e louvava-o e aplaudia-o como os outros, mais até do que os outros. Desagradava-me, porém, que nas reuniões não me fosse permitido expor-lhe as minhas dúvidas e inquietações, e discutir com ele os problemas que me preocupavam, e apresentar-lhe as minhas dificuldades em forma de perguntas e respostas...

Quando por fim consegui fazê-lo – acompanhavam-me alguns amigos –, comecei a falar-lhe num local e num momento propícios a esse tipo de discussões. Expus-lhe algumas das objeções que considerava mais importantes, mas logo percebi que ignorava totalmente as artes liberais, exceto talvez a Gramática, que conhecia apenas de modo muito mediano. Havia lido alguns discursos de Cícero, um ou outro tratado de Sêneca, alguns versos dos poetas, bem como escritos da seita compostos num latim cuidado e elegante; por outro lado, como se exercitava diariamente na arte de falar, adquirira uma grande facilidade de expressão, que se tornava ainda mais agradável e atraente pela sutileza do seu engenho e por certa graça natural.

Quando transpareceu com suficiente clareza que aquele homem, que eu julgava um sábio, ignorava as artes liberais, perdi a esperança de que pudesse resolver-me as dificuldades que me preocupavam. Podia ser, sem dúvida, um ignorante nessas matérias, sem sê-lo necessariamente em religião; na prática, porém, isso não era possível, já que Fausto era um maniqueu.

Não pôde explicar-me nada com precisão: eu lera outros livros, e ele não estava em condições de cotejar os cálculos astronômicos com o livro de Manes, para ver se eram razoáveis e diziam o mesmo ou não. Quando lhe pedi que considerasse e discutisse essas questões, não se atreveu, com muita modéstia, a aceitar a responsabilidade; sabia perfeitamente que as ignorava, e não teve vergonha de o confessar. Não era um charlatão como aqueles que eu já tivera de suportar, empenhados em elucidar-me para depois não me dizerem nada. Este, pelo contrário, conhecia-se melhor a si próprio e, se não era reto com Deus, ao menos era cauteloso consigo próprio; não era tão ignorante que ignorasse a sua própria ignorância.

Por isso não quis meter-se num beco sem saída ou, pelo menos, sem saída honrosa, e por isso agradou-me muito mais: a modéstia de um homem que se conhece a si mesmo é mais bela do que as coisas que eu desejava conhecer. E em todas as questões difíceis e delicadas, comportou-se sempre assim.

Desfez-se o entusiasmo que eu depositava nos livros de Manes, e a partir desse momento já desconfiava muito mais dos doutores maniqueus, pois o mais renomado dentre eles se mostrara um ignorante diante dos problemas que me inquietavam. Todavia, comecei a conversar com ele a respeito das letras e das artes que eu, como retórico, já lecionava em Cartago. Mostrou-se muito interessado; algumas vezes, lia-lhe o que ele desejava; outras, o que mais me parecia convir à sua maneira de ser.

Mas todo o empenho que eu pusera em progredir na seita ruiu por completo, embora não ao ponto de levar-me a um rompimento definitivo. No momento não via coisa melhor, e por isso decidi permanecer onde estava até que me aparecesse outro caminho melhor. Desta maneira, Fausto, que tinha sido para muitos como um laço de morte, foi quem – sem o querer nem saber – começou a desatar-me do laço que me trazia preso. E também minha mãe não cessava dia e noite de oferecer a Deus, como sacrifício por mim, a dor do seu coração, transformada em lágrimas.

A CAMINHO DE ROMA

Convenceram-me a partir para Roma a fim de ensinar ali o que ensinava em Cartago.

Mas não devo deixar de confessar o verdadeiro motivo que me levou a fazê-lo. A minha determinação não se deveu ao desejo de ganhar mais ou de conseguir mais prestígio, como me prometiam os amigos que me aconselhavam a mudança, ainda que esses aspectos também tenham influído na minha decisão. O maior motivo, quase o único, foi que eu ouvira dizer que os adolescentes de Roma eram mais bem comportados e calmos nas aulas, devido à rigorosa disciplina a que estavam submetidos; e que não lhes era permitido entrar em aulas que não fossem as suas, sem antes pedir autorização e sem assumir o compromisso de não armar confusão.

Acontecia precisamente o contrário em Cartago, onde é tão grosseira e desmedida a conduta dos estudantes que chegam a entrar com toda a desvergonha em qualquer sala de aulas, e com o seu alvoroço perturbam a ordem estabelecida pelos professores para proveito dos alunos. Cometem, além disso, com incrível estupidez, uma multidão de insolências que deveriam ser castigadas pela lei, se não estivessem amparadas no costume. Com isto se mostra serem eles tanto maïs insensatos quanto mais praticam, como se fosse lícito, o que nunca poderá sê-lo. Acham que permanecem impunes das suas maldades, mas não se dão conta de que a ignorante cegueira com que as praticam é o seu maior castigo, um mal muito maior e pior do que o mal que conseguem fazer aos outros.

Em Cartago, via-me obrigado, como professor, a suportar esses maus costumes que, quando estudante, nunca quisera praticar. Por isso desejava ir para Roma, onde não se davam semelhantes abusos, segundo me asseguravam os que o sabiam.

Mas o verdadeiro porquê da minha saída de Cartago e da minha ida para Roma, só Deus o sabia. Por assim dizer, Ele enchia-me de espinhos a vida em Cartago para dali me arrancar; e oferecia-me esperanças de uma posição melhor em Roma com o fim de para Si me atrair. Ainda que eu buscasse uma felicidade falsa, Ele queria a salvação da minha alma. Mas não o deu a entender, nem a mim nem à minha mãe, que chorou imensamente a minha partida e me seguiu até o mar.

Tive de enganá-la para conseguir separar-me dela, pois tentou reter-me pela força, e queria obrigar-me a desistir do meu propósito, ou então que a levasse comigo. Enganei-a dizendo-lhe que tinha de despedir-me de um amigo e que estaria de regresso assim que soprasse o vento e a embarcação se fizesse à vela.

Mas ela não queria por nada deste mundo ficar sem mim; a duras penas consegui convencê-la a passar a noite num lugar próximo da nossa nave, o Monumento a Cipriano. E nessa mesma noite parti às escondidas, e deixei-a chorando e rezando. Desta maneira enganei minha mãe, uma mulher como aquela, e escapei-me...

Sulcamos as águas do mar para chegar um dia – ainda não o sabia – às águas da graça; nelas havia de lavar-me mais tarde, e assim secariam os rios de lágrimas dos olhos de minha mãe, que por mim se derramavam todos os dias e regavam a terra... Ela pedia a Deus que não me deixasse navegar; mas Deus, que vê as coisas mais do alto, escutou melhor o seu desejo. Sim, pois embora não tenha atendido então ao que ela lhe pedia – que eu não me fosse embora –, no fim atendeu ao que ela queria: que eu me convertesse.

Soprou o vento, inchou as nossas velas, e logo desapareceu a praia da nossa vista; nela, provavelmente, ao amanhecer, enlouquecia de dor a minha mãe, enchendo o ar de queixas e lamentos. Eu corria sobre o mar em busca das minhas paixões, mas as minhas concupiscências e o meu desejo carnal haviam de terminar, e eu encontraria o justo castigo para tudo isso na chicotada da dor.

Minha mãe, como todas as mães, e muito mais do que a maior parte delas, desejava ter-me a seu lado; mas não sabia que, devido à minha ausência, ambos encontraríamos a grande alegria. Não o sabia, e por isso chorava e se lamentava; como Eva, buscava com dor aquele que com dor tinha dado à luz.

Acusou-me de mentiroso e de mau filho. Rogou a Deus por mim e voltou à sua vida ordinária. E eu a Roma.

ATACADO DE MALÁRIA

Ao chegar a Roma, fui atacado de malária; a doença foi tão grave que esteve a ponto de mandar-me para o túmulo. Hoje posso dizer que esse sofrimento me foi aproximando de Cristo sem que eu o soubesse. Eu não acreditava que a Cruz de Cristo perdoasse os meus pecados – parecia-me que estava suspenso nela um fantasma. Tão falsa me parecia a morte da sua carne quanto verdadeira era a morte da minha alma; e tão verdadeira era a morte da sua carne quanto falsa era a vida da minha alma. E eu não me apercebia disso.

A minha febre aumentava e tinha-me já quase à beira da morte. Minha mãe não o soube, mas certamente continuava a rezar por mim; e Deus a escutava, pois não permitiu que eu morresse. Apesar de tão grave perigo de vida, não quis batizar-me. Quando criança, tinha sido melhor, pois pedira a minha mãe o batismo quando adoeci. Agora, não; agora estava crescido, e ria-me desse remédio.

Mas Deus não permitiu que eu morresse no estado em que se encontrava a minha alma. Se tivesse morrido então, o coração de minha mãe teria sido trespassado pela dor e a sua ferida jamais teria sarado. Não posso encarecer suficientemente o grande amor que tinha por mim, e o sofrimento com que voltava a dar-me à luz, como já me dera à luz na sua carne. Rezava continuamente por mim; dava frequentes esmolas, e em nenhum dia deixava de oferecer alguma coisa por mim diante do altar; servia e ajudava a todos; ia duas vezes por dia à igreja – pela manhã e à tarde –, sem nunca faltar; e não era para entreter-se em falatórios e mexericos de velhas, mas para escutar a palavra divina e rezar por mim.

Deus não podia deixar de dar ouvidos às lágrimas dessa viúva casta e sóbria, que não pedia ouro nem prata, nem nada para si mesma, mas a salvação de seu filho. Estou certo de que Ele estava junto dela e a escutava, e fazia o que ela lhe pedia, mas ao seu modo. Não é possível que a enganasse, naquelas visões e palavras que ouvia dEle; e ela as recordava bem, e as apresentava nas suas orações como escrituras assinadas pela própria mão divina, que Ele devia cumprir. Deus é assim – digo-o agora, depois de ter experimentado em mim a sua misericórdia infinita –: gosta de fazer-se devedor, comprometendo-se com aqueles mesmos a quem perdoa todas as dívidas...

ILUSÕES MANIQUEÍSTAS

Restabeleci-me daquela enfermidade e recuperei a saúde. Em Roma, reunia-me ainda com aqueles que a si mesmos se diziam santos, e que não eram senão uns trapaceiros: os maniqueus. Estava em contato com os *ouvintes* – o dono da casa em que adoeci e convalesci era um deles – e também com os que se chamam *eleitos**.

Eles acreditavam firmemente, e eu com eles, que não somos nós que pecamos, mas que é não sei que estranha natureza que peca em nós; esta consideração satisfazia a minha soberba, e eu me considerava livre de culpa, sem nada para confessar quando agia mal.

Gostava muito de desculpar-me a mim mesmo, acusando em contrapartida não sei que estranho ser que atuaria em mim, mas que não era eu. A verdade, porém, é que eu era responsável pelos meus atos, e a minha maldade

---

(*) Os maniqueus dividiam os homens em três classes. As duas primeiras correspondiam aos membros da seita, que eram os únicos que – segundo a sua doutrina – podiam salvar-se: os *electi* (eleitos), que formavam a hierarquia sacerdotal, e *os auditores* (ouvintes); a terceira classe era constituída pelos *pecadores*, que iam, sem mais, para o inferno.

me mantinha como que dividido contra mim mesmo. Era difícil a minha cura, porque não me considerava pecador e me sentia bem nessa cômoda situação; por isso, continuava a conviver com os maniqueus *eleitos*. Até que cheguei a convencer-me de que, instalado nessa falsa doutrina, não podia progredir em nada; mesmo os poucos preceitos que decidira conservar enquanto não encontrasse coisa melhor, observava-os tibiamente e sem gosto.

Ao amigo que me acolhera em sua casa durante a minha enfermidade e convalescença, disse-lhe que era excessivamente crédulo com relação a essas fantásticas fábulas de que estão cheios os livros maniqueus; mas, mesmo assim, mantive a minha amizade com eles, mais do que com os que não pertenciam a essa seita. É verdade que já não a defendia com o entusiasmo dos começos, mas a fácil amizade com eles – em Roma havia muitos que eram maniqueus em segredo – me tornava extremamente preguiçoso à hora de procurar outros amigos.

Não me ocorria sequer pensar em buscar a verdade na Igreja, porque os maniqueus me tinham afastado dela; tinham-me feito admitir que era uma torpe vulgaridade acreditar que Deus pudesse ter forma humana, limitada por um corpo com membros como os nossos. Não conseguia, por isso, pensar em Deus, pois só sabia imaginar massas corpóreas; parecia-me que não podia existir nada além disso, e essa era a causa principal e quase única do meu inevitável engano.

Daí vinha também a minha crença em que a substância do mal fosse algo de parecido a uma massa negra e disforme: umas vezes, densa como a terra; outras, tênue e sutil como o ar, que eu imaginava também como um gênio maligno flutuando sobre a terra. E como o senso comum – por pouco que fosse – me obrigava a pensar que um Deus bom não podia criar nada de mau, imaginava duas realidades contrárias entre si, e ambas infinitas: o bem e o mal*.

Desse erro inicial seguiam-se todos os demais. Quando tentava aproximar-me da fé católica, acabava por recuar, pois a opinião que tinha formado acerca dela não era exata. E julgava-me piedoso ao afirmar que Deus é infinito – a não ser apenas pela oposição que lhe faz o princípio do mal.

Às vezes, parecia-me mais justo crer que Deus não criara o mal. Concebia-o como uma substância corpórea e não podia imaginá-lo como um espírito, mas como o ar que se estende no espaço. Mas pensava que a natureza do mal, ainda que não criada por Deus, no entanto procedia dEle.

De Jesus Cristo, julgava que saíra da massa luminosa e infinita de Deus para a nossa salvação. Por isso, não podia crer que tivesse nascido da Virgem Maria – pois se assim fosse, ter-se-ia misturado com a carne e, misturando-se com a carne, ter-se-ia manchado, e nisso eu não podia crer. Preferia negar que houvesse nascido da carne

---

(*) Uma vez convertido, Santo Agostinho escreverá diversas obras para combater os maniqueus. Nelas mostra que não há um princípio subsistente do mal, que tenha uma existência autônoma e independente de Deus. Existe um só Deus, infinitamente bom, que criou todas as coisas a partir do nada. O mundo, tal como saiu das suas mãos, é bom: fomos nós, os homens, que o desfeamos com o mau uso da nossa vontade livre e com a consequente capacidade de desobedecer a Deus e pecar.

Com a queda de nossos primeiros pais – o pecado original de Adão e Eva –, entrou o mal no homem. Esta desordem se vê agravada pelos nossos pecados pessoais.

a ver-me obrigado a afirmar que estava manchado pela carne. Talvez vos riais agora de mim, em tom de superioridade, e até com certa simpatia; mas essa é a verdade. Assim pensava eu naquela época.

Ao mesmo tempo, já não acreditava que as críticas dos maniqueus às Escrituras tivessem consistência. Às vezes, desejava sinceramente consultar os livros sagrados com a ajuda de alguém que os conhecesse bem, para assim poder julgá-los por mim mesmo. Quando ainda estava em Cartago, haviam-me impressionado umas conferências pronunciadas por Elpídio, que criticara em público os maniqueus, utilizando contra eles algumas citações da Sagrada Escritura nada fáceis de refutar.

Mas o que realmente me mantinha atado ao erro era imaginar todas as coisas como corpóreas: essas duas grandes massas que me oprimiam – o bem e o mal. Sob o seu peso, anelante, era-me impossível respirar o ar puro da verdade.

DECEPÇÃO COM OS ALUNOS

Já recuperado da minha doença, comecei imediatamente a pôr em prática o motivo pelo qual estava em Roma; isto é, pus-me a ensinar Retórica. Comecei por reunir alguns estudantes em minha própria casa, para que me conhecessem e, assim, também outros o fizessem através deles.

Mas logo pude verificar que os estudantes de Roma também armavam confusões, como nunca as vi entre os da África – embora seja verdade que também nunca vi os de Roma atuarem como esses adolescentes perdidos de

Cartago, os *destructores*. Diziam-me que, por vezes, os estudantes romanos se punham todos de acordo e abandonavam um professor, indo procurar outro; faziam-no para não ter de pagar ao anterior.

Esta falta de fidelidade e este desprezo da justiça – só para não terem que desprender-se do seu dinheiro – indignavam-me. Mas indignava-me mais o prejuízo econômico que me causavam do que a injustiça. Ainda hoje, porém, odeio esse tipo de gente desleal e rasteira, mas desejo que se emendem e prefiram ao dinheiro os ensinamentos que aprendem. Naquela época, não; naquela época – confesso-o –, desejava que fossem honestos porque me convinha.

De modo que, quando a cidade de Milão pediu ao prefeito de Roma que lhe enviasse um professor de Retórica, a quem se concederia licença para viajar no correio imperial, solicitei imediatamente que o prefeito me enviasse a mim, mediante a apresentação de um discurso de prova. Consegui o posto por meio desses maniqueus bêbados de vazio, dos quais viria a separar-me a partir de então, embora nem eles nem eu o soubéssemos naquela altura.

AMBRÓSIO, MÔNICA E ALÍPIO

AMBRÓSIO DE MILÃO

Ao chegar a Milão, visitei o bispo Ambrósio, que tinha fama de ser um dos melhores oradores de todo o mundo; era um homem piedoso, que em seus sermões e discursos ensinava ao povo a doutrina católica com todo o cuidado.

Recebeu-me paternalmente e interessou-se muito pela minha viagem, com a solicitude própria de um bispo, de um homem de Deus. Comecei a simpatizar com ele; de início, não porque o considerasse sábio ou como alguém que possuísse a verdade – pois eu não pensava que fosse possível encontrar a verdade na Igreja Católica –, mas porque era amável comigo.

Escutava-o com atenção, quando pregava ao povo; não, porém, com a disposição adequada, pois o que eu queria era avaliar criticamente a sua categoria intelectual, e ver se correspondia à sua fama e se valia mais ou menos do que aquilo que diziam dele. Atinha-me somente às suas palavras, ao seu modo de exprimir-se, e não me ocupava do que dizia, antes desprezava o conteúdo das suas explicações.

Agradava-me a elegância dos seus sermões que, mais eruditos que os de Fausto, eram no entanto menos divertidos e sugestivos no modo de expressar-se. Quanto ao conteúdo, obviamente, não havia comparação possível, porque Fausto não falava senão dos erros próprios do nada maniqueu, ao passo que Ambrósio ensinava a verdade. Eu estava muito longe dela; mas, insensivelmente e sem percebê-lo, ia-me aproximando.

Mesmo que não estivesse interessado em aprender o que Ambrósio dizia, mas apenas em estar atento ao modo como o dizia, vinham-me à cabeça tanto as frases bonitas, de que eu gostava, como o seu conteúdo, que eu desprezava, pois era impossível separar uma coisa da outra. Desta maneira, ao prestar-lhe atenção para aprender da sua eloquência, aprendia ao mesmo tempo a verdade que exprimia. Mas pouco a pouco.

Primeiro começou a parecer-me que eram defensáveis as coisas que dizia, e que a fé católica podia sustentar-se bem: sobretudo depois de me terem sido explicadas e resolvidas, uma e duas e mil vezes, as dúvidas que tinha sobre a Escritura do Antigo Testamento, que até então interpretava somente ao pé da letra. Ambrósio, pelo contrário, explicava as passagens desses livros em sentido espiritual. O meu ceticismo começou a ceder e, a partir daí, comecei também a opor-me aos que desprezavam e se riam da Lei e dos Profetas.

Mas nem por isso pensava que devia seguir o caminho católico. Também o catolicismo – dizia de mim para mim –, como qualquer outra doutrina, pode ter os seus defensores sábios, os quais refutem as objeções com a sua grande eloquência e sem dizerem nada de absurdo. Portanto, não me parecia necessário abandonar por isso as minhas crenças anteriores: o modo de defender tanto uma doutrina como a outra era semelhante. Se, por um lado, a doutrina católica não me parecia vencida, por outro, não me parecia vencedora. Estava, pois, numa perpétua dúvida, flutuando de um lado para outro, como parece que é próprio dos intelectuais.

Mas um dia decidi abandonar os maniqueus; pareceu-me que, enquanto vivesse nesse estado de dúvida, não devia permanecer na seita, e era preferível seguir as orientações dos filósofos, aos quais, no entanto, também não queria confiar totalmente a cura do angustioso estado de minha alma, porque desconheciam o nome de Cristo. Ao mesmo tempo, resolvi seguir adiante como catecúmeno na Igreja Católica, à qual desde criança me haviam encaminhado os meus pais; talvez nela visse brilhar algo de certo e verdadeiro que pudesse elucidar-me.

Caminhava, pois, às escuras e caía, buscando a verdade fora de mim, como que despenhando-me de um alcantilado para o fundo do mar. Duvidava já de poder encontrar a verdade; estava desesperado.

SOLICITUDE MATERNA

Minha mãe já tinha vindo a Milão para estar ao meu lado. Forte na sua piedade, seguiu-me por mar e por terra, confiante no seu Deus no meio de todos os perigos. Era tão valente que, nas fortes tormentas que assaltaram a nave durante a sua viagem por mar, foi ela que animou os marinheiros, quando o normal teria sido que fossem estes a tranquilizar os passageiros, que não costumam conhecer o mar e se assustam. Assegurava aos marinheiros e à tripulação que chegariam felizmente ao termo da viagem. Contou-me, depois, que Deus assim lho prometera numa visão.

Ao ver-me, percebeu imediatamente o meu estado de ânimo e o grave perigo em que me encontrava. Quando lhe disse que já não era maniqueu – mas também não católico –, não pareceu surpreender-se, como se já o soubesse. Eu esperava que desse saltos de alegria ao ouvir de mim que se cumprira boa parte do que ela pedia todos os dias, com lágrimas, na sua oração; mas não se comoveu. Talvez por estar certa de conseguir de Deus o que pedia, e porque faltava ainda muito por conseguir, respondeu-me com muita tranquilidade e confiança que ela cria, em Cristo, que havia de ver-me católico antes de morrer.

Foi o que me disse. Mas redobrou as suas orações e súplicas para que Deus se apressasse em auxiliar-me e me tirasse da minha angustiosa escuridão. Comparecia – com solicitude ainda maior do que antes, se é que isso é possível – à igreja onde Ambrósio falava, para escutá-lo; e ficava como que presa às suas palavras. Estimava esse homem como se fosse um anjo de Deus, pois sabia que tinha sido por ele que eu deixara o maniqueísmo e me encontrava agora indeciso. Estava certa de que eu também ultrapassaria esta nova fase, como quem passa da doença para a saúde depois de vencer esse agudo período que, pela sua maior gravidade, os médicos costumam chamar crítico.

A OBEDIÊNCIA DE MÔNICA

Como costumava fazer na África, um dia minha mãe levou pão, vinho e papas ao Túmulo dos Mártires; mas o porteiro proibiu-lho, porque assim fora determinado pelo bispo. Ela obedeceu à ordem com tanta docilidade que até eu me admirei de que não começasse a criticá-la. Pois minha mãe não era como muitos homens e mulheres que, no fundo, só se importam com o vinho, e a oferenda aos mártires só lhes serve de pretexto para beber. O espírito que a dominava era o amor à verdade, e por isso acatou piedosamente a nova disposição, ao contrário de muitos homens e mulheres que, ante um cântico de sobriedade, experimentam a mesma náusea que um ébrio diante de um copo de água.

Na África, levava aos mártires a sua cestinha com os comestíveis habituais, e não bebia senão um pequeno vaso de vinho aguado; e se eram muitos os sepulcros dos mártires em que devia fazer a sua oferenda, bebendo em honra deles, levava sempre o mesmo vaso, de tal modo que não só estava já muito aguado, mas também bastante quente; e repartia-o em pequenos sorvos com os que a acompanhavam, pois com isso buscava a piedade e não a sua satisfação.

Mas logo que o sábio bispo pregador, para não dar ocasião a bebedeiras, proibiu que se seguisse esse costume, mesmo àqueles que o cumpriam com sobriedade, minha mãe absteve-se de observá-lo daí por diante. Em vez da sua cestinha cheia de comida e de bebida, passou a levar aos sepulcros o seu coração cheio de bons desejos, e dava aos pobres tudo o que podia. Deste modo comungava com o corpo do Senhor, imitando assim a Paixão de Jesus Cristo, tal como o tinham feito aqueles mártires.

Devo dizer, no entanto, porque assim me parece, que temo que minha mãe talvez não acatasse tão facilmente a proibição desse costume – que, aliás, tinha de ser suprimido, pois já estava a tornar-se semelhante às festas parentais pagãs* – se tivesse sido outro a proibi-lo, outro a quem ela não estimasse tanto como estimava o bispo Ambrósio. Porque efetivamente amava-o em extremo, por ter sido ele quem iniciara a minha conversão, através dos seus sermões.

Também ele tinha afeto por ela, pela religiosidade e fervor com que assistia à Santa Missa e pelas boas obras que fazia. Quando me encontrava, não se cansava de louvá-la, e felicitava-me por ter uma mãe assim... Ele não sabia quem eu era, não sabia como era o filho dessa senhora que ele admirava; eu duvidava de tudo naquela altura, e achava impossível encontrar o verdadeiro caminho da vida.

AS OCUPAÇÕES DE AMBRÓSIO

Não rezei para que Deus me ajudasse; a minha mente estava por demais ocupada e inquieta com investigações e discussões.

Pensava que Ambrósio era um homem feliz, pois o via muito considerado pelas pessoas importantes. A única coisa que não compreendia era a sua castidade. Não po-

---

(*) Festas fúnebres pagãs, celebradas anualmente pelos romanos no mês de fevereiro, em honra dos pais e parentes falecidos.

dia sequer imaginar – porque jamais as vivera – as lutas que teria de sustentar contra as tentações; mas também não podia imaginar o consolo de que gozaria nas suas dificuldades, nem a suavidade interior que experimentaria ao ler e penetrar nas Escrituras. Ele também não conhecia as minhas inquietações ou a profundidade da minha angústia. E eu não podia perguntar-lhe o que queria: estava sempre ocupado com os pleitos dos homens de negócios da sua diocese, pois era juiz das suas querelas.

Nos momentos de folga, que eram poucos, tomava as suas refeições ou ocupava-se em ler. Quando lia, passava os olhos sobre as páginas, completamente absorto, e não dizia nada; nem sequer abria a boca. Muitas vezes estive diante dele enquanto lia – pois a ninguém era proibido entrar, nem tinham o costume de anunciar-lhe as visitas –; e ficava a vê-lo ler em silêncio. Nunca me falou. Eu permanecia longo tempo sentado, sem dizer palavra, quieto – pois como havia de atrever-me a interromper um homem tão absorto na sua leitura? –, e depois saía.

Penso que Ambrósio agia deste modo por ter pouco tempo para o estudo, o pouco tempo que lhe deixavam os negócios alheios em que tinha de intervir. Lia mentalmente, não em voz alta, talvez para evitar que algum ouvinte lhe pedisse esclarecimentos sobre uma ou outra passagem obscura do livro que lia, impedindo-o assim de ter tempo para ler todos os livros que precisava... Ou talvez o fizesse para conservar a voz, pois ficava rouco com muita facilidade. De qualquer maneira, fosse qual fosse o motivo por que se comportava assim, tenho a certeza de que a sua intenção era boa.

O certo é que nunca me era concedido tempo para interrogar esse santo oráculo sobre os temas que eu queria. Uma ou outra vez chegou a dar-me uma breve resposta às minhas inquietações, mas fazia-me perder muito tempo esperando; eu desejava conversar longamente com ele, e nunca o consegui. Mas também é certo que o ouvia pregar ao povo todos os domingos; e é igualmente certo que cada vez mais me ia convencendo de que podiam ser desfeitas todas as calúnias que os maniqueus levantavam contra os Livros Sagrados.

A LETRA E O ESPÍRITO

Chegara a pensar que os filhos espirituais da Igreja, concebidos de novo por ela como por uma mãe, pela graça de Deus, não entendiam o sentido destas palavras: *Fizeste o homem à Tua imagem*. Julgava que eles afirmassem ter Deus a forma do corpo humano, embora, por outro lado, nem remotamente suspeitasse o que era uma substância espiritual. Alegrei-me ao saber a verdade[*], e ao mesmo tempo envergonhei-me por ter estado tantos anos a ladrar, não contra a fé católica, mas contra aquilo que, no meu erro, atribuía à fé católica. Era culpa minha esse criticar sem conhecer, quando bastaria ter perguntado para aprender a verdade. Deus não tem figura corpórea, ainda que tenha feito o homem à sua imagem, e apesar de o corpo humano ocupar um lugar no espaço por ser corpóreo.

(*) Como deduz Agostinho, não é que Deus tenha um corpo à semelhança do homem, mas é o homem que, criado por Deus, se assemelha a Ele, por ter recebido uma alma imaterial e espiritual.

O desejo de alcançar a verdade roía-me o coração; mas talvez me assaltasse mais ainda a vergonha de ter vivido tanto tempo enganado, e de ter sustentado, com uma teimosia infantil, tantas coisas duvidosas como se fossem certas. Estava, pois, como que envergonhado, e punha a culpa em mim mesmo, mas ao mesmo tempo alegrava-me de que a Igreja Católica não sustentasse esses erros pueris que eu lhe atribuía, nem afirmasse que a natureza divina ocupava um lugar e estava encerrada na forma de um corpo humano.

Agradava-me ouvir Ambrósio encarecer em seus sermões ao povo, como uma norma segura, que *a letra mata e o espírito vivifica*. Quando o ouvia desvendar espiritualmente as mesmas passagens que, interpretadas à letra, me pareciam errôneas, já não podia encontrar nelas nada que me repugnasse; mas ainda não sabia se o que diziam era verdade ou não.

Mantinha-me numa atitude cauta, sem assentir, sem deixar-me levar pelo coração, porque temia cair novamente em outro precipício. Mas essa cautela atormentava-me mais ainda, pois queria estar certo das coisas que não via, tanto quanto estou certo de que dois e dois são quatro. Não era tão cético que acreditasse que só se pode compreender o que se vê. Mas, mesmo assim, queria entender tudo com a mesma intensidade, tanto o corporal que tinha diante de mim, como as coisas distantes dos meus sentidos e o espiritual... E quanto ao espiritual, não sabia pensar nele senão de um modo material, tangível.

O ATO DE CRER

Se tivesse fé, teria podido sair com certeza da minha dúvida, e ter-se-ia clarificado a minha mente, e ter-me-ia encaminhado facilmente para a verdade. Mas, tal como costuma acontecer com as pessoas que sofrem nas mãos de um mau médico, que depois temem obedecer a outro, por melhor que seja, assim acontecia comigo: tinha medo de enganar-me outra vez. Por medo de voltar a cair no erro, não me entregava nas mãos do novo «médico», isto é, não queria crer; não queria ser curado, fugia do tratamento, fugia do remédio: da fé, que cura todas as enfermidades do mundo, e dá firmeza, e devolve a saúde.

Não obstante, desde essa época comecei a dar preferência à doutrina católica, por parecer-me que nela as coisas eram explicadas com mais honestidade, sem mentiras. O que não se demonstrava intelectualmente – ou por não haver provas ou por ainda não serem conhecidas –, cria-se. Os maniqueus, pelo contrário, desprezavam a fé e prometiam com frívola insensatez uma construção científica – que não o era, pois na realidade obrigavam a crer numa infinidade de tolices absurdas que não podiam demonstrar.

Pouco a pouco, Deus começou a preparar e a curar o meu coração para que cresse, até que me persuadiu por completo. Na realidade, eu já crera em milhares de coisas que jamais vira, e cujo nascimento ou origem não tinha presenciado. Assim são a maior parte das coisas que se contam nos livros: os lugares e cidades que não cheguei a ver, o que os amigos me contam, o que me diz o médico quando estou doente, o que dizem os homens em geral –

coisas que, se nelas não crêssemos, não poderíamos viver. Eu creio ser filho de meus pais, mas não posso demonstrá-lo; devo dar crédito ao que me disseram.

A AUTORIDADE DA ESCRITURA

Começou, pois, a parecer-me mais criticável a atitude dos que não criam nos Livros Sagrados do que a dos que criam. E decidi não escutar mais o que aqueles me diziam:

– Como podes tu saber que esses livros foram dados ao homem pelo Espírito de Deus?

Era exatamente isso o que precisava ser crido. Eu lera, em muitos livros dos filósofos, passagens que me induziam a não crer na existência de Deus; e elas diziam também que, se Deus existe, não se ocupa das coisas humanas. Mas nenhum ataque a essas opiniões me parecera totalmente convincente. Umas vezes cria com mais firmeza, outras menos; mas sempre acreditei que Deus existia e que se ocupa dos homens, embora não soubesse o que é Deus e que caminho poderia levar-me a sabê-lo. Convenci-me de que a razão, abandonada a si própria, está como que enferma e é incapaz de encontrar a verdade; e comecei a entender que Deus não teria concedido tão notável autoridade aos Livros Sagrados, se por meio dela não quisesse que em toda a terra os homens o pudessem procurar e crer nEle.

O que antes me parecia absurdo na Escritura, ouvia-o agora explicado de um modo aceitável, e toda a sua profundidade surgia diante de mim como um inefável mistério. A autoridade da Escritura tornava-se aos meus olhos cada vez mais digna de crédito e de fé, porque é acessível a todos os que queiram lê-la, porque as suas palavras são claras e a sua linguagem simples; e porque reserva a grandeza dos seus mistérios a uma percepção mais profunda, dando campo mais do que suficiente para a elucubração até dos mais relutantes em crer. Tem uma aparência simples para todos, mas são poucos os que passam através dela, pois é estreita a passagem que deixa aberta para se chegar até Deus. Apesar disso, os que creem são muitos mais do que seriam se a sua autoridade não fosse tão grande ou se não tivesse essa simplicidade acessível a todos.

Nestas coisas pensava eu, e Deus me assistia. Sofria, e Deus se compadecia de mim. Duvidava, e Ele me orientava. Ia pelo amplo e fácil caminho do mundo, mas Deus não me abandonava.

A ALEGRIA DE SER POBRE

Sentia desejos enormes de triunfar, de ser rico, de casar-me, e esses desejos não saciados faziam-me sofrer. Como era miserável! Deus deve ter permitido tudo isso para que deixasse de me agradar tudo o que não era Ele.

No dia em que aconteceu o que vou contar, estava-me preparando para recitar o panegírico em honra do Imperador Valentiniano e da Imperatriz Justina, diante de toda a corte. Fora eu o escolhido nesse ano, e estava disposto a mentir tanto quanto fosse necessário para, em troca, conseguir apoio e ajuda. Estava nervoso e inquieto, assaltavam-me ideias fantásticas e revolvia-me em pensamentos sobre o meu futuro.

Mas, ao voltar da sessão de homenagem, passando por uma das ruas de Milão, reparei num pobre mendigo que, despreocupado de tudo – foi assim que me pareceu –, ria feliz. E eu então chorei interiormente. Acompanhavam-me uns amigos, e disse-lhes que o que nos fazia sofrer e nos torturava era a nossa ambição, pois todos os nossos esforços, como esse desejo de triunfar que me atormentava, nada mais faziam senão aumentar a pesada carga da nossa infelicidade; que era a nossa sensualidade que nos fazia arrastar esse pesado fardo de amargura, com o desejo de conseguir uma felicidade que esse mendigo já conseguira, e que nós talvez não alcançássemos nunca. O pobre mendigo sentia-se satisfeito com pouca coisa; e era isso o que eu pretendia, a alegria de ser feliz aqui; mas ia por um caminho íngreme e cheio de desvios.

É possível que a alegria do mendigo não fosse a verdadeira; mas a que eu pretendia era muito mais falsa. O certo é que ele estava alegre, e eu angustiado; ele, seguro e tranquilo; eu, preocupado.

É claro que eu preferia a alegria à tristeza; mas a verdade é que, se me perguntassem se preferia ser como o mendigo ou continuar a ser o que era, teria respondido sem hesitar que preferia a minha vida, mesmo cheia de preocupações e angústias. Talvez respondesse assim por orgulho, não porque fosse verdade. Pois se eu era mais culto do que o mendigo, nem por isso podia sentir-me superior a ele – a minha cultura não me fizera feliz. Com ela, buscava somente conquistar as pessoas e triunfar, não instruí-las.

Não era verdade o que me respondiam:

— É necessário ter em conta o motivo da alegria. O mendigo alegra-se porque bebeu; tu, porque triunfaste.

Que triunfo!... A minha alegria não era verdadeira alegria, porque aquele triunfo diante do Imperador e da sua corte não era verdadeiro triunfo; pelo contrário, oprimia-me o coração. A bebedeira do mendigo passaria naquela mesma noite; eu, porém, dormiria com a minha, e despertaria com ela, e voltaria a deitar-me e a levantar-me com ela, dia após dia.

É certo que importa o motivo da alegria de cada um, eu o sei. Mas mesmo nisto havia entre o mendigo e mim um enorme abismo: ele era mais feliz do que eu, não somente porque irradiava alegria enquanto eu me atormentava com as minhas preocupações, mas porque adquirira o vinho de uma maneira honesta, comprando-o; eu, pelo contrário, buscava o triunfo e a glória com mentiras.

Disse muitas coisas mais aos meus amigos, e em muitas outras ocasiões tornei a dar voltas ao assunto, examinando a minha situação; e via que tudo me corria mal. Sofria, mas eu próprio aumentava a minha dor — a tal ponto que, mesmo quando alguma coisa me saía bem, sentia-me angustiado porque sabia que o êxito se esfumaria no mesmo instante em que o agarrasse.

ALÍPIO

Vivíamos juntos alguns amigos, e queixávamo-nos mutuamente destas coisas; mas falava delas mais intimamente com Alípio e Nebrídio.

Alípio era, como eu, de Tagaste. Nascera numa das famílias mais importantes da cidade, era mais jovem do que eu, e fora meu aluno tanto em Tagaste como, mais tarde, em Cartago. Simpatizava muito comigo, pois me tinha na conta de homem honrado e culto; e eu simpatizava com ele porque era verdadeiramente bom e demonstrava possuir grandes virtudes, apesar de ser ainda muito jovem.

No entanto, a grande corrupção de costumes dos cartagineses, que torna mais vivos os seus frívolos espetáculos, levara-o a deixar-se prender pelo circo até à loucura; já estava inteiramente absorvido por ele quando eu ensinava Retórica em Cartago. Mas ainda não era meu aluno naquela época, por causa de uma inimizade que surgira entre mim e seu pai. Sabia que ele adorava obcecadamente os jogos circenses, e entristecia-me porque temia que viessem a perder-se – se é que já não estavam perdidas – as grandes esperanças que eu depositara nele. Não encontrava maneira de convencê-lo, ou mesmo uma razão que pudesse invocar, como amigo ou como mestre, para afastá-lo desses jogos. Imaginava que estivesse irritado comigo, como seu pai; mas não era assim. Deixou de lado a má vontade do pai a meu respeito e começou a cumprimentar-me; depois passou a assistir às minhas aulas; ouvia alguma coisa e ia-se embora.

Esquecera-me já de dizer-lhe que não frustrasse a sua excelente inteligência com aquela cega e apaixonada inclinação por jogos tão vazios. Mas um dia – estava eu sentado no meu lugar costumeiro, com os alunos diante de mim –, chegou Alípio, saudou-me, sentou-se e pôs-se a prestar atenção ao tema de que eu tratava. Para expô-lo melhor e para tornar mais clara e atraente a explanação, parecera-me oportuno – foi pura coincidência – usar a título de comparação os jogos circenses; e eu ironizava com certo sarcasmo os que se deixavam entontecer por essa estúpida inclinação.

Não era minha intenção, naquele momento, corrigir Alípio da sua mania; mas ele o tomou como se fosse uma advertência à sua pessoa e acreditou que era somente por causa dele que eu dizia aquilo. O que para outro teria sido motivo de irritação, foi para ele, que era um rapaz nobre, motivo para irritar-se consigo próprio; a partir de então estimou-me muito mais.

Corrige o sábio e ele te amará. Mas, na realidade, não fui eu que o corrigi; foi Deus, que se utiliza de todos para fazer o bem, quer o percebam, quer não. Fez com que o meu entusiasmo e a minha retórica fossem como carvões acesos com os quais cauterizou a inteligência de Alípio, tão cheia de grandes promessas, mas enferma; e assim o sarou.

Depois de escutar as minhas explicações, saiu do profundo fosso em que se metera, e no qual se encontrava como que cego devido à satisfação que lhe produzia. Sacudiu a sua mente intumescida e caíram-lhe todas essas imundícies dos jogos circenses; já não voltou a pôr os pés no anfiteatro.

Depois chegou até a vencer a oposição do pai, que não me queria como mestre de seu filho, mas acabou por ceder. Foi nesta segunda fase, como meu amigo, que Alípio se enredou comigo nas superstições maniqueias. Deslumbrou-o a ostentação que faziam da sua castidade, que ele julgava autêntica e sincera, mas que na realidade era falsa. Com essa mentira, os maniqueus atraíam jovens valiosos que ainda não sabiam discernir a verdadeira virtude, e que por isso eram fáceis de enganar, levados pela mera aparência, por mais que se tratasse de virtude fingida, de pura simulação.

BRINCANDO COM O FOGO

Como não queria abandonar a sua carreira, a que seus pais atribuíam tanto peso, chegou antes de mim a Roma para estudar Direito. Ali deixou-se arrastar novamente, de uma maneira incrível e com uma paixão não menos inquietante, pelos espetáculos de gladiadores.

A princípio, desprezava e detestava esses jogos; mas, certo dia, encontrou-se por acaso com alguns amigos e companheiros que vinham do almoço. Recusou-se energicamente a acompanhá-los e resistiu-lhes; mas eles, como que por brincadeira, mas à força, levaram-no ao anfiteatro, onde, por coincidência, se celebravam naqueles dias uns jogos terríveis e cruéis.

Alípio dizia-lhes:

— Mesmo que leveis a esse lugar o meu corpo e ali o retenhais, não me obrigareis a gostar desses espetáculos nem a olhá-los. Estarei ali como se não estivesse; estou acima deles e de vós.

Mas os amigos, sem dar qualquer importância às suas palavras, levaram-no com eles. Talvez desejassem averiguar se poderia ou não cumprir o que dissera.

Quando chegaram e ocuparam os assentos que puderam encontrar, o anfiteatro já refervia, imerso nos prazeres mais cruéis. Alípio fechou os olhos e proibiu-se a si mesmo de prestar atenção a tanta maldade. Oxalá tivesse tapado também os ouvidos!, porque, num determinado momento da luta, foi tão grande o clamor da multidão que, espicaçado pela curiosidade e julgando-se talvez suficientemente forte para desprezar e vencer o que quer que visse, abriu os olhos; e ficou ferido na alma com uma ferida mais grave do que a recebida pelo gladiador que quisera ver; e a sua queda também foi maior do que a do gladiador que causara aquela gritaria. Entrou-lhe pelos olhos a ferida que derrubou a sua alma, mais presunçosa do que forte, para que daí em diante confiasse menos em si mesmo.

Quando viu o sangue, bebeu a crueldade da cena e já não afastou mais os olhos; pelo contrário, manteve-os fixos. Enfurecia-se consigo mesmo, e ao mesmo tempo deleitava-se com o crime que é esta luta, e embriagava-se no seu sangrento prazer.

Ao sair, já não era o mesmo que tinha entrado; era mais um no meio da massa, e já verdadeiro amigo dos que o tinham levado consigo.

Que mais dizer? Presenciou o espetáculo, gritou e exaltou-se até à loucura, tornou a ir outras vezes, não apenas com esses que o tinham levado, mas sozinho e até arrastando outros consigo. Mais tarde, aprendeu a não ser presunçoso; mas isto foi já muito tempo depois.

ALÍPIO E O ROUBO

Penso que também o ajudou a conhecer-se na sua presunção, para que pudesse corrigir-se no futuro, o que lhe aconteceu quando ainda era estudante e meu ouvinte em Cartago.

Certa vez, a meio da manhã, quando repassava no Foro a matéria que depois teria de recitar segundo o costume dos estudantes, os guardas do Foro o prenderam como ladrão. Sucedeu assim: Alípio passeava diante do Tribunal, com as suas tabuinhas e o estilete, quando um jovem – um dos estudantes, mas o verdadeiro ladrão –, levando escondido um machado, entrou no edifício sem que ele o percebesse. Dirigindo-se às balaustradas de chumbo que dão para a rua dos ourives, pôs-se a cortar o chumbo.

Quando escutaram os golpes, os artesãos que estavam em baixo sobressaltaram-se e chamaram os guardas. Ouvindo-lhes as vozes, o ladrão fugiu sem mais aquela, abandonando o machado de ferro por medo de que o encontrassem com ele. Alípio, que não o vira entrar, viu-o sair precipitadamente e escapar. Intrigado com o motivo da fuga, entrou no local, encontrou o machado e, surpreso, pôs-se a olhá-lo. Assim estava quando chegaram os guardas e o surpreenderam sozinho, com o machado na mão. Prenderam-no e levaram-no à força para ser julgado, felizes por terem prendido o ladrão.

Enquanto o levavam – quem sabe se à prisão ou ao tormento, pois não havia testemunhas que pudessem depor a favor da sua inocência –, saiu-lhes ao encontro o arquiteto-mor, que cuidava dos edifícios públicos. Os guardas do Foro alegraram-se muitíssimo com esse encontro, pois sempre que faltava alguma coisa o arquiteto suspeitava deles; e agora, por fim, podia ver quem era o verdadeiro ladrão. Mas, como este senhor vira Alípio muitas vezes na casa de um senador, a quem costumava visitar com frequência, tomou-o da mão assim que o viu, afastou-o da multidão e perguntou-lhe o motivo de semelhante desgraça.

Quando tomou conhecimento do sucedido, deu ordem a toda aquela gente, alvoroçada e enfurecida contra Alípio, de que o acompanhassem. Chegaram à casa do jovem estudante autor do delito, e encontraram um menino que estivera também no Foro. Era ainda uma criança, incapaz de perceber que as suas respostas podiam comprometer o amo. Alípio reconheceu-o, e assim o disse ao arquiteto; este perguntou ao menino, mostrando-lhe o machado:

– Sabes de quem é este machado?
– Nosso, respondeu o escravo imediatamente.

Depois de outras perguntas, descobriu-se o resto. Deste modo Alípio se livrou da acusação que levantavam contra ele; e ganhou experiência, e isso serviu-lhe de aprendizado para outras vezes.

A INTEGRIDADE DE ALÍPIO

Encontrei-me com ele em Roma, e fizemo-nos amigos tão íntimos que partiu comigo para Milão; fê-lo tanto por não querer separar-se de mim como para exercer um pouco o que aprendera do Direito. Já trabalhara em três ocasiões como assessor jurídico-administrativo, e todos se haviam admirado da sua retidão; ele, porém, admirava-se mais de que as pessoas preferissem o dinheiro à justiça.

A sua integridade foi posta à prova não só pelo atrativo do dinheiro, mas também pela coação das ameaças. Em Roma fora assessor do Conde do Erário das tropas itálicas, numa época em que era senador um homem muito poderoso, que a muitos ganhara com favores e a outros muitos amedrontara com ameaças. Acostumado ao poder, este senador tentou fazer não sei que coisa proibida pelas leis, mas Alípio se lhe opôs. O senador ofereceu-lhe dinheiro, e Alípio o desprezou; ameaçou-o, e Alípio riu-se das suas ameaças.

Todos se admiraram do seu extraordinário caráter, capaz de desprezar um homem tão poderoso e tão conhecido pela sua capacidade de fazer de mil maneiras o bem ou o mal, segundo lhe desse na veneta, e a quem todos queriam ter como amigo para não o terem como inimigo. O próprio juiz de quem Alípio era assessor, embora não quisesse que o senador procedesse contra a lei, não se atrevia a proibir-lho abertamente; pelo contrário, descarregava toda a culpa em Alípio, dizendo ao senador que era Alípio quem não estava de acordo e que, se Alípio acedesse, ele também concordaria.

Somente uma coisa esteve a ponto de fazer fraquejar a sua retidão. Levado pela sua paixão pelas letras, mandava que funcionários do Estado lhe copiassem alguns textos originais para seu uso pessoal. Apesar de poder fazê-lo pela autoridade do seu cargo, decidiu renunciar a essa facilidade quando percebeu que não era justo. Não era nada de importante, mas *quem é fiel no pouco também o é no muito*. Assim era o meu amigo; tão intimamente unido a mim, que comigo buscava o modo de vida que devíamos seguir.

NEBRÍDIO

Também Nebrídio – que deixara a sua terra, próxima de Cartago, e a própria Cartago, onde costumava residir com frequência – abandonou a magnífica propriedade rural de seu pai, bem como a casa e até a mãe, que não podia acompanhá-lo, e veio para Milão somente para viver conosco essa ardente busca da verdade e da sabedoria. Da mesma maneira que nós, estava inquieto e duvidava, buscava...

Éramos como três famintos que nos contagiássemos mutuamente a nossa fome. Depois de todos os nossos esforços por conseguir alguma coisa, vinha a amargura; e ao procurarmos o motivo pelo qual padecíamos assim, deparávamos com a mais negra escuridão, que nos fazia chorar e gritar. *Até quando durarão estas coisas?*, era a pergunta que nos fazíamos constantemente. Mas não abandonávamos o nosso modo de viver, por mais errado que fosse, porque não víamos nada de seguro a que pudéssemos agarrar-nos em troca.

A PROCURA DA VERDADE

Sempre que o recordava, surpreendia-me o longo tempo que transcorrera desde os meus dezenove anos. Fora então que começara a arder dentro de mim o desejo da sabedoria e que fizera a promessa de abandonar todos os meus projetos vazios e a errônea loucura das minhas paixões, se a encontrasse.

Estava já com trinta anos, e ainda me achava na mesma lama de sempre, com a mesma avidez por desfrutar das coisas daqui, que fugiam e me desorientavam. Continuava a repetir, como anos antes: «Hei de averiguá-lo amanhã. Amanhã aparecer-me-á clara a verdade, e então eu a abraçarei. Fausto está para vir e me explicará tudo. Insignes varões da Academia!, dizei-me: é verdade que nada podemos saber de certo para orientarmos bem a nossa vida? Não! Busquemos ainda com mais empenho; não devemos desesperar!»

Depois, quando já me não pareciam absurdas as coisas da Escritura e vi que podiam entender-se de outra maneira, de um modo razoável, firmei meus pés nesse degrau em que outrora me haviam colocado os meus pais, à espera de encontrar finalmente a verdade manifesta. Mas onde buscá-la, e quando? Dizia de mim para mim: «Ambrósio não tem tempo para atender-me nem eu o tenho agora para ler; e, mesmo que o tivesse, onde encontrar esses livros? Onde comprá-los, quem mos poderia emprestar? Mas é necessário que dedique tempo a este assunto, algumas horas, pelo menos, para assim buscar a saúde de minha alma.

«Aparece-me uma grande esperança: a fé católica responde-me a todas as indagações; e eu, néscio que sou, sempre a critiquei. Seus teólogos consideram um erro gravíssimo atribuir a Deus figura humana, e eu pensei que diziam o contrário. Então, por que não decido deixar-me esclarecer em todas as outras coisas? Ocupo todas as horas da manhã com os meus alunos, mas que faço do resto do dia? Por que não o dedico a isto? Mas, se o fizer, quando poderei ver os amigos influentes cuja recomendação me é necessária? Quando prepararei as aulas dos meus alunos, que me pagam? Quando poderei deixar de lado tantas preocupações e empenhar-me de verdade em fortalecer o meu espírito?

«Fora com tudo! Deixemos já todas essas coisas ocas e vazias para nos dedicarmos por inteiro a buscar somente a verdade! A vida é miserável, e não se sabe quando virá a morte; se nos surpreende repentinamente, em que estado sairemos deste mundo? Onde aprenderemos o que aqui não quisemos aprender? Não mereceremos ser castigados pela nossa negligência? Que ocorrerá se a morte cortar pela raiz todas as preocupações e terminar com todos os sentimentos? Deveria averiguá-lo. Mas não o faço!

«Não é em vão que se difunde por todo o mundo o grande prestígio e autoridade da fé cristã. Deus jamais teria feito por nós tantas coisas e tão admiráveis, se com a morte do corpo terminasse também a vida da alma. Por que, então, nos detemos e pomos a nossa esperança nas coisas daqui, em vez de nos dedicarmos totalmente a buscar a Deus e a vida bem-aventurada?

«Mas, espera. Também as coisas daqui são boas, e não é pequeno o seu atrativo. Também não está certo prescindir delas sem mais nem menos; não seria bom abandoná-las para depois voltar a elas. Falta-me pouco para alcançar uma situação profissional bem-sucedida; que mais se pode desejar? Tenho muitos amigos influentes; se me ajudam, posso conseguir por meio deles algum cargo de direção. E então já poderia casar-me com uma mulher rica – para que não pese tudo sobre os meus ombros – e assim realizaria todas as minhas aspirações... Houve muitos grandes homens, dignos de serem imitados, que, apesar de casados, se dedicaram ao estudo!...

Enquanto pensava assim, e o meu coração oscilava de

cá para lá conforme o vento, o tempo passava e eu ia adiando a minha *conversão ao Senhor*. Ia adiando o viver para Deus, mas não o morrer todos os dias na minha própria solidão. Desejava a vida feliz daqueles que têm fé, mas ao mesmo tempo tinha medo da maneira de chegar até ela; por isso, buscava-a... longe do lugar onde se achava.

Pensava que seria muito infeliz se renunciasse ao amor das mulheres, mas não pensava no remédio do amor a Deus, que sara esta enfermidade; ainda não o sabia, pois pensava que a continência se consegue com as próprias forças – e estas me faltavam. Era tão néscio que não sabia que está escrito: *ninguém é casto se Deus não lho concede*. E estou certo de que Deus me teria concedido esse dom se eu tivesse gritado aos seus ouvidos, pedindo-lho com gemidos interiores, e tivesse abandonado confiadamente a minha preocupação nEle.

CASAMENTO E CASTIDADE

Alípio não queria que eu me casasse. Dizia-me continuamente que, se o fizesse, já não poderíamos viver com tranquilidade e dedicar-nos juntos ao ócio e ao amor à sabedoria, como desejávamos havia muito tempo.

Ele era casto, num grau surpreendente; na adolescência, tivera experiências sexuais com mulheres, mas não só não se prendera a isso, como até se arrependera muito de ter agido assim. Desprezou o passado e viveu dali em diante uma completa continência.

Eu o contradizia, argumentando com o exemplo de pessoas que, apesar de casadas, se haviam dedicado ao estudo, tinham alcançado méritos diante de Deus e conseguido amigos a quem estimavam com toda a fidelidade.

Na verdade, eu estava longe de ter a grandeza de ânimo desse tipo de pessoas; acorrentado à mortífera suavidade do prazer da carne, ia arrastando as minhas cadeias, temendo até que delas me libertassem. Por isso repelia os conselhos adequados, como se repele instintivamente a mão de quem vai trocar os curativos de uma ferida. Ainda por cima, a serpente falava por meio da minha boca quando, com as minhas palavras sugestivas, armava e entrelaçava correias em que prender os pés limpos e livres de Alípio.

Surpreendia-o que eu, a quem admirava, estivesse tão apegado a esse mórbido prazer que chegasse a afirmar – como fazia sempre que falávamos disso – que não podia ser casto. Vendo-o tão surpreendido, eu lhe dizia – para defender-me – que eram muito diferentes das minhas as rápidas e furtivas experiências que ele tivera. Ele mal conseguia lembrar-se delas e por isso podia menosprezá-las sem nenhum esforço. As minhas eram já um delicioso costume; e se a etiqueta do matrimônio podia convertê-las em algo honesto e honroso, não havia por que surpreender-se de que eu não desejasse prescindir da satisfação sensual.

Acabou também por desejar casar-se; não pelo prazer da carne, como eu, mas por curiosidade. Dizia que desejava saber que coisa era essa sem a qual, como eu afirmava, a minha vida não seria vida, mas um tormento. Realmente, livre como estava desses grilhões, admirava-o a minha escravidão; e do pasmo, passava ao desejo da experiência, talvez para depois se converter por sua vez em escravo dela. Estava começando a pactuar com a sua própria morte, pois aquele que ama o perigo acaba por cair nele.

Nem ele nem eu pensávamos, a não ser debilmente, no que há de mais digno na vida conjugal: a direção da família e a educação dos filhos. A mim, escravo como era, atormentava-me violentamente o hábito de saciar a minha insaciável concupiscência; a ele, ia-o contaminando a curiosidade.

O PEDIDO DE CASAMENTO

Insistiam-me sem descanso em que me casasse. Eu já pedira a mão de uma jovem, e haviam-ma concedido. Era sobretudo minha mãe quem fazia andar todo este assunto, porque esperava que, uma vez casado, já pudesse receber o batismo. Alegrava-se de ver-me cada dia mais apto para o receber, notando que os seus sacrifícios e as promessas de Deus frutificavam na minha fé. Conforme eu lhe pedira – e ela mesma desejava –, suplicava a Deus com todo o coração que lhe desse a saber, por meio de uma visão, alguma coisa a respeito do meu futuro casamento. Mas Ele nunca lhe mostrou nada.

O que minha mãe via e me contava eram imagens vãs e fantásticas, inventadas pela intensidade do seu próprio desejo. Não é que acreditasse nelas, como acontecia quando Deus lhe dava realmente a saber alguma coisa. Contava-mas por brincadeira. Distinguia plenamente o que era uma revelação de Deus do que era apenas imaginação. Dizia-me que não conseguia explicá-lo com palavras, mas que era como se tivessem sabores diferentes, e que os distinguia muito bem.

Não obstante, insistia no meu casamento e pediu para mim a mão de uma mocinha a quem faltavam ainda dois anos para poder casar-se; mas, como era do agrado de minha mãe, nada havia a fazer senão esperar.

PROJETOS

Fartos já de tantos aborrecimentos e da luta pela vida, vários amigos meus e eu tínhamos pensado e quase decidido retirar-nos a algum lugar afastado das pessoas, a fim de viver sossegadamente. Tínhamos planejado essa espécie de vida ociosa de tal maneira que tudo o que tivéssemos ou pudéssemos vir a ter seria posto à disposição de todos. Formaríamos assim um fundo comum em que não haveria nada que fosse deste ou daquele; tudo seria uma só coisa, e tudo seria de cada um e tudo de todos.

Éramos em torno de dez pessoas, alguns muito ricos, como Romaniano, o nosso compatriota mais ilustre, a quem uns assuntos importantes tinham trazido ao tribunal do Conde de Milão. Muito amigo meu desde criança, era um dos que mais insistiam para que o nosso projeto fosse levado avante; a sua decisão era das que mais crédito nos mereciam, porque tinha muito mais dinheiro do que todos nós.

Tínhamos estabelecido que a cada ano seriam nomeados dois administradores para que se ocupassem de tudo o que fosse necessário, enquanto os demais descansavam. Mas quando se começou a pensar se as mulheres que alguns já tinham, e eu desejava ter, consentiriam nisso, todo esse projeto, tão bem preparado, se desfez e veio abaixo. Voltamos outra vez às nossas queixas, a suspirar e a trilhar os amplos e já apisoados caminhos do mundo.

O PESO DAS PAIXÕES

Entretanto, os meus pecados multiplicavam-se. Arrancaram do meu lado – como um impedimento para o meu futuro matrimônio – aquela com quem compartilhara durante quinze anos o meu leito. Meu coração, tão apegado a ela, ficou chagado com a separação e vertia sangue. Ela voltou para África e prometeu ao Senhor que jamais conviveria com nenhum outro homem; deixou comigo Adeodato, o filho que eu tivera com ela.

Eu, desgraçado de mim, não fui capaz de imitá-la. Não pude suportar os dois anos que ainda deviam passar até que pudesse unir-me à esposa que me fora prometida – porque não era o casamento que eu desejava, mas a sensualidade. Arranjei, pois, outra mulher – não como esposa –, como se quisesse manter viva e até agravada essa doença da minha alma, sustentada por esse mau hábito que perduraria até que me casasse.

Por isso não cicatrizava a ferida que se abrira ao arrancarem-me a minha primeira mulher; pelo contrário, após a inflamação e a dor fortíssima, começava como que a supurar, e a dor era mais pungente à medida que a ferida se ia esfriando.

O TEMOR DA MORTE

Ia-me tornando cada vez mais miserável, e Deus se aproximava cada vez mais de mim; sua mão estava próxima, prestes a arrancar-me do pântano dos meus vícios e a lavar-me, e eu não o sabia.

Não havia nada que mais me afastasse da minha voluptuosa sensualidade do que o medo à morte e ao juízo final, que nunca arredou pé do meu coração, fossem quais fossem as circunstâncias por que passava.

Discutia com os meus amigos Alípio e Nebrídio sobre o fim de todos os bens e males, e inclinava-me afetivamente a aderir a Epicuro*. Tê-lo-ia feito se não estivesse convencido de que, após a morte do corpo, permanece a vida da alma e haverá o exame das obras realizadas, coisas em que Epicuro não acreditava. Seja como for, perguntava-lhes:

– Se fôssemos imortais e vivêssemos numa constante satisfação sensual, sem medo algum de perdê-la, não seríamos felizes? Que mais poderíamos desejar?

Ainda ignorava que isso teria sido uma grande desgraça. Afundado e cego como estava, não conseguia pensar na luz da virtude e na beleza da graça, que não se podem ver com os olhos da carne, mas somente com os da alma. Nem mesmo percebia, miserável de mim, por que sentia tanto prazer em falar dessas coisas com os meus amigos, sendo elas tão degradantes. Pensava que não podia ser

---

(*) Epicuro († 271 a.C.), filósofo materialista grego que ensinou em Atenas. Pregava a indiferença (*ataxia* ou *apatia*) perante todas as coisas. Dizendo que não há alma imortal nem outra vida, estimulava positivamente a busca do prazer como regra suprema da vida.

completamente feliz se não dialogasse com eles, por grande que fosse a abundância de deleites carnais. Porque amava desinteressadamente os meus amigos, e ao mesmo tempo sentia-me desinteressadamente querido por eles.

Que caminhos tão tortuosos! Ai desta minha alma insensata, que esperava encontrar longe de Deus algo de melhor. Dava voltas, punha-se de costas, de lado, com a boca para baixo... tudo lhe era duro e incômodo, porque só Deus era o seu descanso.

PROCURANDO A VERDADE

IDEIA FALSA DE DEUS

Morrera a minha adolescência louca e efervescente, e já entrara na juventude. Quanto mais crescia em idade, mais estupidamente vazio me tornava, a ponto de não conseguir pensar da realidade senão aquilo que se percebe pelos sentidos.

É verdade que, desde que comecei a entender alguma coisa, já não pensava mais em Deus como se tivesse corpo, e alegrava-me de que a fé da Igreja Católica assim o afirmasse. Mas nada mais me ocorria que pudesse pensar de Deus. Apesar de ser eu apenas um homem – e que homem –, esforçava-me por pensar nEle como o maior e o único e o verdadeiro Deus; cria com toda a minha alma que é incorruptível, inviolável e sem mudança, porque – mesmo não sabendo explicá-lo bem – via com clareza e tinha por certo que o corruptível é pior do que o incorruptível, e que o que pode ser danificado é inferior ao que não pode sê-lo, e o que não muda é melhor do que aquilo que pode sofrer mudança.

Meu coração protestava violentamente contra todos os meus velhos fantasmas, e procurava espantar de uma abanadela todo o enxame de erros que revoavam em torno da minha mente; mas, mal se dispersava, num piscar de olhos voltava a formar-se e a obscurecer novamente a minha visão. Dizia de mim para mim que, embora não pudesse imaginar esse Ser incorruptível, inviolável imutável com a forma de um corpo humano, pelo menos me veria obrigado a concebê-lo como algo corpóreo que se estende pelo espaço e pelo infinito, quer imerso no mundo quer fora dele. Parecia-me que, se assim não o fizesse, se não admitisse nEle um certo espaço, Deus seria nada, absolutamente nada, nem sequer o vácuo que deixa um corpo quando muda de lugar; neste caso, permanece pelo menos um lugar vazio – seja de terra, de água ou de ar –, mas, ao fim e ao cabo, um lugar, como que um nada extenso.

Com o coração embotado, sem consciência nítida sequer de mim mesmo, considerava como um puro nada tudo o que não se estende no espaço, ou não está difundido ou não se junta com ele, ou não se expande, ou não tem ou não pode ter algum desses estados; pois, tais como eram as formas sensíveis para os meus olhos, assim eram as imagens com que discorria o meu coração. Não via que a própria faculdade com que eu discorria era algo diferente dessas imagens, e que não poderia ter formado ideia delas se eu mesmo não fosse uma realidade superior a elas.

Por isso, imaginava Deus como um grande ser estendido pelo espaço infinito, que penetrava por toda a parte na própria extensão do mundo, e que também fora do mundo e em todas as direções era como uma imensidade sem fim, de modo que abarcava a terra, o céu e todas as coisas, e todas terminavam nEle sem que Ele terminasse em lugar nenhum.

Assim como o ar que está sobre a terra não impede a luz do sol de atravessá-lo e embebê-lo totalmente sem rompê-lo ou rasgá-lo, assim pensava eu que as coisas recebiam a presença de Deus; não somente o corpo do céu e do ar e do mar, mas também o da terra; tudo abria passagem a Deus, e Ele tudo penetrava completamente, o grande e o pequeno; e com a sua escondida força governava todas as coisas que criara.

Era assim que eu pensava, porque não conseguia pensar de outra maneira; mas é falso, porque, a ser assim, as coisas grandes da terra teriam parte maior de Deus, e menor as pequenas; ora, com este imaginário modo de as coisas estarem cheias de Deus, o corpo de um elefante ocuparia mais ser de Deus do que o corpo de um passarinho, já que o elefante é maior e ocupa mais espaço. Deus, dividido em partes, estaria presente em grandes partes nas partes grandes do mundo, e em pequenas partes nas pequenas; e não é assim. Deus não iluminara ainda as minhas trevas*.

(*) Como sabemos, Deus não se encontra nas coisas localizado espacialmente, com partes em partes, coisa que só é própria dos seres materiais. A localização dos seres espirituais e de Deus é especificamente diferente.

Em primeiro lugar, Deus encontra-se em todas as coisas *por potência* (pelo seu poder), pois o seu domínio se estende a todas elas, e não só aos seres espirituais, como diziam os maniqueus; não há nenhuma que fuja ao seu controle. Deus está também em todas as coisas *por presença*, pois conhece-as perfeitamente e nada escapa ao seu olhar. Finalmente, Deus está em todas as coisas *por essência*, como causa do ser de cada uma delas, sustentando-as na existência. Bastaria que retirasse o seu influxo sobre as criaturas para que estas caíssem no nada.

Além disso, nos seres dotados de inteligência e vontade, Deus está como o conhecido naquele que conhece e como o amado naquele que ama.

PROBLEMA DO MAL

Naquela época, embora afirmasse e cresse firmemente que Deus – criador das nossas almas e corpos, e de todos os seres e coisas – era invulnerável, inalterável e intrinsecamente imutável, eu não sabia nem podia explicar a origem do mal.

Pus todo o meu empenho em entender isto que ouvira: é a liberdade da vontade que pode causar o mal que fazemos, e estamos sujeitos ao juízo de Deus por fazê-lo responsavelmente; mas não acabava de entendê-lo com clareza*.

Esforçava-me por evitar que a minha mente olhasse para esse abismo incompreensível, mas mergulhava nele uma e outra vez; tantas vezes quantas tentava sair, voltava a atrair-me o abismo. Às vezes, subia até à luz, ao ver tão claramente que tinha vontade, na mesma medida em que vivia; por isso, quando queria alguma coisa ou não a queria, tinha certeza de que era eu e nenhum outro quem a queria ou não queria; quase chegava, pois, a convencer-me de que a causa do mal estava na liberdade da vontade.

Quanto a todas as coisas que padecia contra a minha vontade – certamente era isso: padecer, e não fazer –, via que não eram propriamente um mal, mas um castigo,

---

(*) Santo Agostinho fará, em outras obras suas, uma distinção clássica em toda a teologia católica. Existem os *males físicos* ou *naturais*, que não são propriamente males, mas privações queridas por Deus em vista do bem do universo como um todo e do bem mais profundo de cada homem, que em definitiva é a vida eterna. E existe o *mal moral*, ou *pecado*, único verdadeiro mal, que procede da vontade livre da criatura racional. O pecado é uma aversão a Deus e uma conversão às criaturas, que se traduz numa desobediência voluntária à lei de Deus.

justo castigo de Deus, a quem evidentemente eu considerava justo.

Mas voltava a submergir na escuridão quando me perguntava: «Quem me fez? Não foi Deus, que não somente é bom, mas a própria bondade? Donde me vem então o querer o mal, e não o bem? Será, talvez, para que sofra o castigo que mereço? Quem pôs em mim, quem semeou na minha alma esta semente de amargura, em mim, que fui feito exclusivamente por Deus? Se o autor é o diabo, donde provém o diabo? Se é verdade que, de anjo bom, se faz diabo por sua vontade má, donde lhe veio essa má vontade pela qual se fez demônio, sendo também ele feito por um Criador bom, como de fato o foi?»*

A ORIGEM DO MAL

Buscava a origem do mal, mas buscava-a mal; nem sequer via o mal que havia no meu modo de buscá-la.

Fiz da criação como que uma grande massa diferen-

(*) Agostinho formula aqui um conjunto de perguntas difíceis de responder, da mesma forma que o pecado é um mistério de iniquidade: o homem, com a sua liberdade, pode praticar o mal; e Deus o permite. Mas a liberdade em si é um grande dom, e um bem maior; isto realça a grandeza dos atos humanos livres e bons, e a glória que dão a Deus, e acima de tudo o fato de que Deus, por assim dizer, «leva a sério» a liberdade que nos deu, respeitando-a e retribuindo-a no fim dos tempos com o prêmio ou o castigo, o céu ou o inferno.

Com os anjos aconteceu, de uma vez para sempre, algo semelhante. Sendo criaturas espirituais, dotadas de inteligência e vontade livre, também poderiam fazer mau uso da sua liberdade.

E assim, ao anjo, como ao homem, foi dada uma oportunidade de escolha: o amor a Deus ou o amor a si mesmo. Foi uma prova a que Deus o submeteu, logo depois de tê-lo criado, para que *merecesse* a felicidade eterna. São Miguel e os anjos bons optaram por Deus ao passo que Lúcifer e os seus sequazes (os demônios) quiseram *voluntariamente* fazer-se iguais a Deus, e por isso foram precipitados no inferno.

ciada em diversos tipos de corpos: uns, corpos verdadeiros; outros, espíritos que eu concebia sob a figura de corpos. E imaginei imensa essa massa, não como ela realmente é – não posso sabê-lo –, mas tão grande quanto podia imaginar, embora limitada por todos os lados. E imaginei Deus como um Ser que a rodeasse e penetrasse por toda a parte, infinito em todas as suas direções; algo assim como se existisse um só mar em toda a parte e infinito em todas as direções, estendido pela imensidade do universo, e dentro desse mar houvesse uma grande esponja – ainda que limitada – cheia desse mesmo mar, isto é, de Deus.

Assim imaginava eu a criação, finita e cheia do Deus infinito, e dizia: «Este é Deus e estas são as coisas que Ele criou. Deus é bom, imenso e infinitamente melhor do que as suas criaturas; porque é bom, fez boas todas as coisas. Como as rodeia e embebe!

«Mas se é assim, onde está o mal, por onde entrou no mundo? Qual é a sua raiz e a sua semente? Será que não existe? Então por que tememos e receamos o que não existe? E se tememos sem motivo, esse mesmo medo é sem dúvida o mal que nos atormenta e despedaça inutilmente o coração; e tanto mais grave é esse mal quanto, não havendo razão para temer, tememos. Portanto, ou existe o mal que tememos, ou esse mesmo temor imotivado é que é o mal.

«Donde procede esse medo, já que Deus é bom e fez boas todas as coisas, ainda que sejam inferiores a Ele? Donde lhes vem o mal? Será que a matéria de que Deus fez as coisas era má, e apesar de tê-la formado e modelado deixou nela algo que não converteu em bem? Por que o faria? Se é Onipotente, não poderia Ele mudar totalmente essa matéria, de modo que nela não restasse nenhum mal?

«Por outro lado, por que quereria servir-se dessa matéria para fazer as coisas, em vez de usar da sua Onipotência e destruí-la totalmente? Poderia essa matéria existir sem a sua vontade? E se essa matéria era eterna, por que a deixou perdurar tanto nos espaços infinitos do tempo passado, e só muito tempo depois quis servir-se dela para fazer as coisas?

«E se subitamente decidiu criar, não teria sido melhor, já que é Onipotente, fazer com que essa matéria não existisse, e ficar Ele só, Bem total, verdadeiro, grande e infinito?

«E se porventura não era justo que, sendo Ele bom, não fizesse nada e não criasse nenhum bem, por que não aniquilou essa matéria má e criou outra boa, da qual tirar todas as coisas? Não seria onipotente se não pudesse criar sem a ajuda dessa matéria que Ele não teria criado...*

(*) Como Santo Agostinho dá a entender através das perguntas, e como afirma mais adiante, citando o *Gênesis*, Deus criou todas as coisas (também a matéria) e viu *que tudo era bom, tudo era muito bom*.

Muitas das coisas que chamamos males, os males físicos, são uma consequência da limitação das criaturas, e particularmente da matéria. Só Deus é perfeito; as criaturas são sempre finitas e, portanto, passíveis de deficiências, destruições e mortes. Os defeitos físicos (cegueiras, paralisias, etc.) ressaltam a bondade e a beleza de todo o universo, que não valorizaríamos se não houvesse esses contrastes. Por outro lado, a nossa inteligência limitada não pode compreender os insondáveis desígnios de Deus, que «escreve certo por linhas tortas» e «dos grandes males tira grandes bens». Assim como uma criança não entende por que a mãe lhe tira a tesoura ou a caixa de fósforos que lhe podem causar dano, da mesma forma não podemos entender muitas coisas, como as contrariedades, as doenças, a morte de um ser querido e muitas outras: é o mistério da Cruz, que não é um castigo, mas uma bênção de Deus, que nos identifica com Cristo. Só teremos mais luz para compreender estas realidades na outra vida, que é a única em que a felicidade não passa.

Pensava e repensava todas estas coisas, com o coração oprimido pelo medo da morte e sem ter achado a verdade. Cada vez mais, porém, arraigava-se estavelmente no meu coração a fé em Cristo, Senhor, Salvador nosso, segundo a Igreja Católica. A minha alma já não abandonava essa fé, apesar de andar confusa e hesitante em muitos pontos da sua doutrina dogmática, e cada dia mais e mais dela se empapava.

RUPTURA DEFINITIVA COM A ASTROLOGIA

Também passei a rejeitar definitivamente as absurdas predições e mentiras dos astrólogos matemáticos. Foi Deus, somente Deus, quem venceu a obstinação com que eu me opunha a Vindiciano, velho sábio, e a Nebrídio, meu jovem amigo de alma admirável. Ambos afirmavam – Vindiciano com veemência e Nebrídio frequentemente, embora com alguma hesitação – que não existia essa arte de predizer as coisas futuras, e que as conjecturas dos homens se realizam de vez em quando por pura sorte. E como são muitas as vezes em que se aventuram a dizer que sucederão determinadas coisas, por vezes acertam. Não acertam por sabê-las de antemão, mas por fazerem muitas apostas.

Fiz-me amigo de um rapaz muito afeiçoado a consultar os matemáticos adivinhos, ainda que não soubesse demasiado dessa ciência. Consultava-os por curiosidade; mas, segundo dizia, ouvira seu pai contar um fato que o levara a pensar se não devia deixar de dar crédito a esses astrólogos.

Chamava-se Firmino. Era douto em artes liberais e com larga experiência de oratória, e um dia consultou-me, como bom amigo, sobre as previsões do seu horóscopo quanto a alguns projetos em cujo êxito tinha postas as suas esperanças. Embora por aquela época já me inclinasse a pensar que todos esses assuntos eram falsos, não me neguei a estudar-lhe o horóscopo, e disse-lhe o que dele se deduzia. Mas acrescentei já estar quase persuadido de que tudo aquilo era ridículo e tolo.

Então contou-me que seu pai fora também muito afeiçoado a consultar esses livros, e que tivera um amigo com a mesma inclinação. Ambos falavam com frequência desses assuntos e, ao fazê-lo, entusiasmavam-se mutuamente, dando voltas a essas tolices, chegando até a anotar o momento em que nasciam os animais de suas casas e o estado do céu nesse momento preciso, para assim acumularem experiência nessa espécie de arte.

O pai havia contado a Firmino que, tendo a sua mãe ficado grávida dele, simultaneamente engravidara uma das criadas que servia na casa do seu amigo – coisa que não se pôde ocultar ao amo, pois este se preocupava em conhecer com extremado interesse até os partos de suas cadelas. E enquanto ambos contavam com o maior cuidado os dias, horas e minutos – seu pai os da sua mulher, e o amigo os da escrava –, ambas deram à luz ao mesmo tempo; e assim, viram-se obrigados a fazer, até nos menores detalhes, o mesmo horóscopo para os dois recém-nascidos, tanto para Firmino como para o filho da escrava.

Ao aproximar-se a hora do parto, ambos iam fazendo chegar notícias um ao outro sobre o que se passava nas respectivas casas, e alguns serventes tinham sido incumbidos de avisá-los tão logo os partos terminassem. Era como se fossem reis que enviam embaixadas de um reino a outro.

Os que tinham ficado encarregados de transmitir a notícia no momento exato encontraram-se num ponto tão equidistante das duas casas que não foi possível anotar nenhuma diferença de posição das estrelas, nem a menor diferença de tempo entre os dois nascimentos. Firmino, porém, nascido no esplêndido palácio da sua família e entre os seus, corria pelo mais feliz dos caminhos do mundo, crescia no meio da riqueza e via-se rodeado de êxitos; e o escravo, não tendo podido romper o jugo da sua triste condição, tinha de servir aos seus senhores, como o próprio Firmino, que o conhecia, me contou.

Escutei todas essas coisas e acreditei na sua veracidade por ser ele quem mas contava. Mas toda a minha resistência anterior em mudar de ideia, aliás já bastante debilitada, veio abaixo. Tentei imediatamente afastar Firmino dessa boba curiosidade pelo horóscopo. Disse-lhe que, para poder olhar as suas constelações e predizer-lhe o futuro de acordo com a verdade, eu teria de olhar para os seus pais, sua principal e autêntica constelação, e não para as estrelas; teria de olhar para a sua família, a mais nobre da cidade; para o seu nascimento ilustre, a sua esmerada educação, os seus conhecimentos humanísticos...

Ao contrário, se aquele escravo me perguntasse sobre

as suas constelações – que eram as mesmas –, e eu quisesse responder-lhe de acordo com a verdade, deveria tomar por base a sua família pobre, a sua situação de escravo, o seu estado totalmente diferente e oposto ao de Firmino.

Portanto, se quisesse dizer a verdade, olhando embora para as mesmas constelações, deveria prognosticar coisas distintas; e se prognosticasse o mesmo para ambos, diria coisas falsas: deste simples fato deduzi, com toda a certeza, que todas as predições baseadas unicamente nas estrelas, se diziam a verdade, não era por razões científicas, mas por mero acaso. E, pelo contrário, se se faziam predições errôneas, também não era por imperícia neste tipo de arte, mas por uma falha da sorte, por um simples acaso.

Fiz finca-pé neste fato, e dava voltas a todas estas reflexões. E para que nenhum desses loucos que pretendem enriquecer à custa de tais expedientes, e que eu pretendia ridicularizar e vencer, pudesse objetar-me que Firmino me mentira, ou o pai a ele, concentrei a minha atenção no caso dos gêmeos. Muitas vezes, estes saem do seio materno num intervalo de tempo tão curto que a simples observação humana não pode realmente estabelecer a diferença, nem mesmo anotá-la nas tabelas matemáticas que serão utilizadas depois para prognosticar coisas «verdadeiras» – que não serão verdadeiras, pois com base nos mesmos signos deveriam dizer-se as mesmas coisas de Esaú e de Jacó, quando na verdade foi muito diferente o que aconteceu a um e a outro.

Portanto, seria preciso prognosticar coisas falsas ou, se se quisesse dizer a verdade, não se poderiam dizer as mesmas coisas de cada gêmeo, apesar de baseá-las nas mesmas constelações. Quem quer que dissesse coisas verdadeiras nessa matéria, não o poderia fazer, portanto, por ciência, mas por sorte e por puro acaso.

A LUZ INTERIOR E AS COISAS

Deus livrou-me assim dos laços da astrologia, e mesmo que eu continuasse a indagar e a procurar saber a origem do mal, sem encontrar a solução, Ele já não permitia que os turbilhões dos meus raciocínios me afastassem da fé – daquela fé pela qual eu cria que Deus existe, que não muda, que se ocupa dos homens, que há de julgar a todos, e que traçou o caminho da salvação humana rumo à outra vida após a morte. E esse caminho é Cristo, seu Filho e nosso Senhor, e as Sagradas Escrituras, recomendadas pela autoridade da Igreja Católica.

Resguardadas estas verdades, e assentadas já em meu interior, continuava a investigar ansiosamente a origem do mal. Que dores de parto as do meu coração! Que gemidos, meu Deus! Ele me escutava, e eu não o sabia... Embora o buscasse em silêncio, eram fortes os gritos que a silenciosa dor de minha alma elevava até à sua misericórdia.

Somente Deus sabe, e mais ninguém, o que eu sofria. Por um lado, não era muito o que podia contar aos amigos mais íntimos; por outro, estes não podiam entender todo o desassossego da minha alma. Para expressá-lo totalmente, não bastavam o tempo nem as palavras. Não obstante, *todos os gemidos e rugidos do meu coração chega-*

vam até os ouvidos de Deus, e diante dEle estava presente o meu desejo. Mas não era dEle a luz dos meus olhos, porque a luz da fé é algo interior: estava dentro de mim, e eu fora.

Esta luz não ocupa espaço, não está num lugar, mas eu fixava a minha atenção nas coisas que ocupam lugar; não podia, pois, encontrar nelas descanso algum, nem era acolhido por elas de maneira a poder dizer: «Ah! Isto basta!» Também não me deixavam partir para onde pudesse sentir-me inteiramente bem, pois sou superior a todas elas, ainda que seja inferior a Deus e somente Ele seja a minha verdadeira alegria. A Ele estou sujeito, de maneira semelhante à que Ele usou para submeter a mim todas as coisas criadas inferiores a mim.

Este teria sido o caminho adequado e correto para a minha salvação: permanecendo como imagem de Deus, servindo-o, teria podido dominar o meu corpo. Mas, como me levantei soberbamente contra Deus, e corri contra o Senhor *de cabeça altiva*, as próprias coisas inferiores se rebelaram contra mim; oprimiam-me, não me deixavam nenhum momento de descanso, não me deixavam sequer respirar.

Quando as olhava, lançavam-se contra mim, vindas de todos os lados, amontoadas, como em tropel. Quando nelas pensava, a imagem que projetavam sobre o meu espírito parecia defrontar-se comigo e gritar-me: «Para onde vais, desgraçado, miserável?»

E com os meus pecados, cresciam elas em ousadia, porque Deus *humilhou o soberbo como se fere um homem.* Eu estava longe de Deus pela minha fatuidade, envaidecido e inchado; era como se tivesse o rosto tão intumescido que os meus olhos se fechassem e eu já não pudesse ver.

NEOPLATONISMO E FÉ CRISTÃ

Mas Deus, *que permanece eternamente e não está irritado conosco para sempre*, compadeceu-se do que é terra e cinza, e quis corrigir a minha deformidade.

Aguilhoavam-me as suas chamadas interiores, para que me sentisse inquieto enquanto Ele não se fizesse evidente aos meus olhos interiores. E o meu inchaço e envaidecimento diminuíam graças ao toque secreto do seu remédio; e o olhar da minha mente, antes confuso e obscurecido, ia-se clarificando dia após dia com o forte colírio das minhas dores salutares.

Primeiro quis Deus fazer-me compreender como Ele *resiste aos soberbos* e, pelo contrário, *dá a sua graça aos humildes*; e também que, na sua grande misericórdia, tornou patente aos homens o caminho da humildade por *ter-se feito carne a Palavra de Deus e ter habitado entre os homens*.

Por intermédio de um certo homem, intumescido de monstruosa soberba, consegui alguns livros dos filósofos platônicos, traduzidos do grego para o latim*. Neles li – não literalmente, é claro, mas substancialmente com a mesma ideia, fundamentada em muitos e diversos argumentos – que *no princípio era o Verbo, e o Verbo estava*

(*) Entre esses livros encontram-se certamente as *Enéadas* de Plotino († 270), grande filósofo neoplatônico nascido no Egito. Esta obra foi traduzida do grego para o latim por Mário Vitorino, de cuja conversão ao cristianismo Santo Agostinho fala amplamente mais adiante.

em Deus. E Deus era o Verbo. Este estava desde o princípio em Deus. Todas as coisas foram feitas por Ele, e sem Ele nada se fez. O que foi feito é vida nEle, e a Vida era a luz dos homens, e a Luz brilhou nas trevas, mas as trevas não a compreenderam*.

E li que a alma do homem, apesar de *dar testemunho da Luz, não é a Luz.* Ele – o Verbo, Deus – é que é *a Luz Verdadeira que ilumina todo o homem que vem a este mundo.* E li que Ele *estava neste mundo, e o mundo foi feito por Ele, e o mundo não o conheceu.*

Mas não li nesses livros que *Ele veio à sua própria casa, e os seus não o receberam, mas a quantos o receberam, deu--lhes o poder de se fazerem filhos de Deus, crendo no seu nome***.

(*) Além da base platônica, o neoplatonismo inspirou-se em suas origens na Sagrada Escritura, através de Filão de Alexandria, filósofo e teólogo judeu do tempo de Cristo, que se mostrava profundo conhecedor do Antigo Testamento. As coincidências de fundo que permitem «ler» doutrinas católicas nesses livros de Plotino dão-se nos seguintes pontos principais: há um Deus transcendente, radicalmente distinto do mundo, de quem procedem todas as coisas; o Logos (Verbo), ou primeiro gerado por Deus, é Inteligência; o homem, que procede de Deus, pode retornar a Ele através de uma purificação interior, com a qual alcançaria a bem-aventurança. Nesta doutrina, Deus é frequentemente comparado a uma luz que ilumina todas as coisas.

(**) Embora haja coincidências entre a doutrina cristã e a filosofia neoplatônica, há também muitas discrepâncias, que fazem com que muitas coisas não possam ser «lidas» nessa filosofia. Não existe, e isso entre todos os gregos, a noção de criação a partir do nada. Falta também a noção de Providência: para esses filósofos, Deus é um Ser tão superior e tão longínquo que não se preocupa com o destino dos homens.

Só a fé, que é um dom de Deus, e não uma filosofia ou sabedoria humana, pode levar-nos a ter certeza das verdades cristãs reveladas por Deus através da Sagrada Escritura: a Santíssima Trindade, a Encarnação, a Paixão e Morte de Cristo, a nossa filiação divina, a existência do Céu e do Inferno, e muitas outras.

Li também que o Verbo, Deus, não nasceu da carne, nem do sangue, nem por vontade de homem, nem por querer da carne, mas de Deus. Mas não li que *o Verbo se fez carne e habitou entre nós*.

Também descobri nesses livros, dito de muitas e diversas maneiras, que *o Filho tem a forma do Pai*, e que *não foi uma usurpação julgar-se igual a Deus, pois tem a mesma natureza que Ele*.

Mas esses livros não dizem que *Ele se aniquilou a si mesmo tomando a forma de servo, feito semelhante aos homens e reconhecido como tal pelo seu exterior*; tampouco dizem que *se humilhou fazendo-se obediente até à morte, e morte de cruz, pelo que Deus o exaltou sobre os mortos, e lhe deu um nome superior a todo o nome, para que ao nome de Jesus se dobre todo o joelho no céu, na terra e nos infernos, e toda a língua confesse que o Senhor, Jesus, está na glória de Deus Pai*.

Nesses livros se diz também que, antes de todos os tempos, e fora de todo o tempo, o Filho Unigênito de Deus, coeterno com Ele, permanece imutável, e que as almas se enriquecem *com a sua plenitude* para serem felizes; e que, ao participarem da Sabedoria que permanece, são regeneradas para serem sábias. Mas que *morreu no tempo pelos ímpios*, e que *Deus não perdoou o seu Filho Unigênito, mas o entregou à morte por todos nós*, isso não vem nesses livros; porque Deus *escondeu estas coisas aos sábios e as deu a conhecer aos pequeninos*, para que os *sobrecarregados de trabalho* fossem a Ele e Ele os aliviasse, porque é suave e doce de coração, e *dirige os humildes na justiça e mostra os seus caminhos aos que amam a paz, e olha a nossa baixeza e a nossa dor, e nos perdoa todos os nossos pecados*.

Mas aqueles que se exaltam a si próprios, apoiados na aparente superioridade da sua doutrina*, esses não podem ouvir Aquele que lhes diz: *Aprendei de mim, que sou manso e humilde de coração e encontrareis paz para as vossas almas*; esses, mesmo que conheçam a Deus, *não o glorificam como Deus nem lhe dão graças, mas perdem-se em seus próprios pensamentos e se lhes obscurece o seu néscio coração; e ao chamarem-se sábios a si mesmos, tornam-se estultos.*

A ETERNA VERDADE

Movido por estas coisas a voltar-me para mim mesmo, recolhi-me no meu interior, guiado por Deus, e pude fazê-lo porque Ele foi a minha ajuda. Entrei e vi uma luz dirigida aos meus olhos interiores e acima da minha mente; não a luz que vemos habitualmente, nem sequer algo parecido, mas maior, como se brilhasse mais e com mais claridade, e tudo iluminasse com a sua magnitude; não era a luz que sempre vemos, mas uma luz diferente, muito diferente de todas.

Essa luz não estava diante dos meus olhos e sobre a minha mente, tal como está o azeite sobre a água ou o céu sobre a terra; estava mais acima, porque ela me fez, e eu muito abaixo, porque fui feito por ela. Quem conhece a verdade, sabe como é essa luz; e quem sabe como é, conhece a eternidade; é o amor que a conhece.

(*) Refere-se à doutrina de Plotino e do neoplatonismo, que foi um dos cumes do esforço humano para chegar até Deus, contando somente com a razão e sem o auxílio da fé. Esse «canto de cisne» da filosofia pagã possui uma noção de Deus ainda mais apurada, em alguns aspectos, do que em Platão e Aristóteles.

Eterna verdade, verdadeiro amor, amada eternidade! Ela é o meu Deus; por ela suspiro dia e noite, e quando a conheci, levou-me consigo para que eu visse que existia aquilo que eu deveria ver e ainda não estava preparado para ver. Fez com que a debilidade dos meus olhos refletisse a sua luz, dirigiu com força os seus raios sobre mim, e eu estremeci de amor, e ao mesmo tempo de medo; e percebi então que me encontrava longe dela, numa região estranha, onde me parecia ouvir a sua voz, que do alto me dizia: *Eu sou o pão* dos fortes, cresce e poderás comer-me. *Tu não me converterás em ti, como convertes a comida em tua própria carne, mas eu te converterei em mim.*

E eu soube que *por sua maldade o homem foi condenado*, e que *a sua alma secará como uma teia de aranha*. E perguntei-me: *Será então que a verdade não é nada, pois não se encontra estendida no espaço?* E Deus gritou-me de longe: *Pelo contrário! Eu sou aquele que sou!*; e eu o ouvi como se ouve interiormente no coração, sem que me restasse a menor dúvida. Com mais facilidade duvidaria agora de que estou vivo do que da existência da Verdade, e de que, *através das coisas criadas, se percebe a sua existência*.

A RELATIVIDADE E A BONDADE DAS COISAS CRIADAS

Olhei para as coisas que estão abaixo de Deus, e vi que não somente não são de uma maneira absoluta, mas que absolutamente não são. Estritamente falando, são, é claro, porque procedem de Deus; mas não são, porque não são o que Deus é; e só *é* verdadeiramente aquilo que permanece imutável. *Para mim, o bem está em aderir a Deus*, pois se não permaneço nEle, também não poderei permanecer em mim; mas Ele, *ao permanecer em si mesmo, renova todas as coisas, e Ele é o meu Senhor porque não necessita dos meus bens.*

Compreendi também que, sendo Deus o autor de todos os bens, no entanto, como não fez todas as coisas iguais, cada uma é boa por si, e por isso todas juntas são boas, porque Deus fez *todas as coisas boas em extremo.*

A HARMONIA DA CRIAÇÃO

Para Deus, com certeza, o mal não existe absolutamente; e não só para Ele, mas para tudo o que Ele criou, pois nada há que possa romper e destruir a ordem que Deus pôs no seu universo. Mas, olhando nas suas partes esse todo que é o universo, há algumas que se consideram más, por não se harmonizarem com outras. Ora, as coisas que são desarmônicas entre si harmonizam-se com outras; logo, também elas são boas; além disso, por si mesmas e em si mesmas, todas as coisas são boas. Deus *criou todas as coisas muito boas*.*

Há certas coisas que são desarmônicas e que só se harmonizam com a parte mais baixa da criação; mesmo dessas não se deve dizer: *Oxalá não existisse esse tipo de coisas!* Na

---

(*) Santo Agostinho assenta definitivamente, com a frase citada sete vezes no *Gênesis,* que Deus fez as coisas extremamente boas e não existe um princípio subsistente do mal. A partir desse dado obtido pela fé, faz um esforço para compreender a natureza metafísica do mal, concluindo que o mal é uma privação ou deficiência: a ausência de uma perfeição que deveria existir num ser. Mas esse ser, pelo simples fato de estar na existência e não no nada, é um bem. Um mal supremo e subsistente, se existisse, consumiria toda a parcela de bondade existente em si mesmo, inclusive a própria existência; portanto, como diz Aristóteles, o mal integral se destrói a si mesmo. Com isso, Agostinho refuta definitivamente o maniqueísmo.

verdade, as próprias coisas que parecem más já são suficientes para que se louve a Deus, pois confirmam-no como digno de louvor na terra *os dragões e todos os abismos, o fogo, o granizo, a geada, o vento tempestuoso, porque todos cumprem a ordem divina; os montes e todas as colinas, as árvores frutíferas e todos os cedros, as feras e todos os animais domésticos, os répteis e todas as aves; os reis da terra e todos os povos, os príncipes e todos os juízes da terra, as jovens e as virgens, os anciãos e os jovens, todos louvam o nome de Deus.*

Como também o louvam no alto dos céus *todos os seus anjos, e todos os espíritos louvam o seu nome; e o sol e a lua, todas as estrelas e a luz, e o céu dos céus e as águas que estão sobre os céus.* Por isso, não desejo somente as coisas melhores; pois ao abarcá-las todas com o pensamento, embora vendo que há umas melhores do que outras, pensando com mais vagar percebi que todas juntas formam um todo muito mais acabado e perfeito do que aquele que existiria se houvesse somente as melhores*.

Estão, pois, enganados os que dizem que algo da criação divina lhes desagrada; e eu me enganava quando me desagradavam muitas das coisas feitas por Deus. Por não me atrever a dizer que Deus me desagradava em alguma coisa, não queria reconhecer como feito por Deus aquilo que eu considerava mau na criação. Mas depois que Deus despertou a mente deste ignorante que eu era, e fechou os *meus olhos para que não visse a estupidez,* a minha alma

---

(*) Deus, ao criar, tem em vista o bem do universo como um todo. O fato de existirem diversos seres, uns mais perfeitos e outros menos, aumenta a variedade e a riqueza do universo. Além disso, a deficiência de uns seres, e também a possibilidade do mal e os males reais, ressaltam, por um contraste de luz e sombra, a bondade divina, a sua justiça e a sua misericórdia.

apaziguou-se um pouco e a minha loucura se acalmou. Quando despertei para Deus, vi-o infinito, de outra maneira; e esta maneira de vê-lo não foi segundo a carne.

Olhei, pois, para as coisas e vi que todas devem a sua existência a Deus; e vi que todas estão em Deus, ainda que estejam de um modo diferente: não como se estivessem num lugar, mas enquanto Deus as sustenta todas no ser, como se as trouxesse na palma da mão. Por isso todas as coisas são verdadeiras enquanto existem. E vi que a mentira nada mais é do que considerar que existe aquilo que não existe.

ONDE ESTÁ O MAL

Percebi por experiência que o próprio pão desagrada a um paladar enfermo; pelo contrário, agrada àquele que está são. E que a luz é incômoda para os olhos enfermos, mas grata para os sãos. Também os maus temem a justiça de Deus, muito mais do que o mal que possa causar-lhes uma víbora ou a repugnância que possam sentir por um verme.

Perguntei-me então o que seria a maldade, e não concluí que fosse algo, mas apenas *o perverso movimento de uma vontade que se afasta dAquele que é plenamente –* Deus – e que tende para as coisas mais baixas, nelas esvaziando toda a sua inferioridade; e assim fica vazia, enquanto incha por fora.

DO VISÍVEL AO INVISÍVEL

Surpreendia-me a mim mesmo que eu pudesse estar amando verdadeiramente a Deus, e não substituindo-o por uma miragem. Não era constante no amor a Deus. Umas vezes, deixava-me arrebatar pela sua formosura; outras, afastava-me dEle e caía sob o peso da minha própria baixeza; caía ao chão, chorando, e esse peso que me fazia cair era o meu costume carnal. Mas, apesar de tudo, já não podia esquecer-me de Deus, e já não duvidava de maneira nenhuma de que existisse um ser a quem devia unir-me, embora fosse incapaz de fazê-lo, porque *o corpo que se corrompe pesa sobre a alma e a esmaga, e esta choça de barro amesquinha a mente que se perde em seus pensamentos.*

Estava certo de que *o invisível em Deus – mesmo o seu poder eterno e a sua divindade – se percebe, desde o começo do mundo, pela contemplação das coisas que Ele criou.*

Ao buscar a razão pela qual descobria a beleza nos corpos, os da terra e os do firmamento, e ao buscar o que havia em mim que me permitia julgar com rapidez e exatidão as coisas, dizendo: «Isto deve ser assim, aquilo não»...; ao buscar, portanto, a razão por que podia eu julgar assim, descobri que era porque estava na minha mente – mesmo sendo ela mutável – a imutável e verdadeira verdade eterna.

Ascendi gradualmente dos corpos para a alma, que sente por meio do corpo; e dela para a sua força interior, à qual os sentidos corporais dão a conhecer as coisas exteriores; passei daí à faculdade de raciocinar, à qual corresponde julgar os dados que lhe trazem os sentidos corporais.

Desta faculdade de raciocinar, que percebi como mutável em si mesma, remontei à própria inteligência, e separei o verdadeiro pensamento daquele que é admitido sem ser verdadeiramente pensado, mas é fruto da rotina, separei-o também da enorme quantidade de ilusões contraditórias, para poder ver de que tipo de luz está inundada a inteligência quando afirma com tanta segurança que o imutável é melhor que o mutável; assim pensava descobrir donde é que a inteligência extrai o conhecimento do que é imutável, pois, se não o conhecesse, não poderia contrapor-lhe tão seguramente o que é mutável.

E, por fim, vi-o, vi Aquele que *é*, num instantâneo e fulgurante golpe de luz. Foi então que *vi o invisível de Deus pela contemplação das coisas que Ele criou**.

Mas não pude fixar a vista; a minha debilidade não o suportou; e voltei novamente às coisas baixas de sempre, nada levando comigo senão uma vaga lembrança enamorada, o tênue aroma de um saboroso alimento que eu ainda não podia comer.

CRISTO, O ÚNICO CAMINHO PARA A VERDADE

Busquei a maneira de adquirir essa força que me tornasse apto a desfrutar de Deus. Não havia de encontrá-la senão abraçando-me ao *Mediador entre Deus e os homens,*

(*) A ideia de que as perfeições invisíveis de Deus, seu poder e sua divindade se manifestam através das coisas criadas, tomada da Epístola de São Paulo aos Romanos, é uma afirmação rotunda de que a razão pode chegar até Deus através das criaturas, e de que os pagãos podem conhecê-lo.

As provas da existência de Deus afirmam precisamente que a beleza, a bondade e a verdade de todo o universo, por existirem de forma limitada e parcial nos seres que vemos, exigem uma fonte de todas essas perfeições, que é Deus, Ser Infinito, Beleza Pura, Bondade Suprema e Verdade Eterna.

Santo Agostinho percorre ascendentemente essas perfeições dos seres até chegar a Deus: dos corpos à alma, da alma à inteligência, da inteligência às verdades, das verdades à Verdade Imutável e Eterna, que é Deus.

o homem Cristo Jesus, que está acima de todas as coisas, Deus bendito por todos os séculos, que grita e diz: *Eu sou o caminho, a verdade e a vida*, o alimento – esse que eu ainda estava incapacitado para comer – convertido em carne. Porque o Verbo se fez carne para alimentar a nossa ignorância com a sua Sabedoria, pela qual Deus criou todas as coisas.

Mas eu, que não era humilde, não tinha o humilde Jesus por meu Deus, nem entendia que coisas poderia ensinar-me a sua debilidade. Não sabia que o Verbo, Verdade eterna, muito acima das coisas mais elevadas da criação, atrai a si aquelas que se lhe submetem; e que ao mesmo tempo edificou para si próprio, no meio das coisas mais baixas, uma humilde casa feita do nosso mesmo barro, para dessa maneira salvar os que iam matá-lo, a fim de atraí-los, curar as suas feridas e enchê-los de amor. E impediu que se fiassem demasiado de si mesmos, e se afastassem mais do que já estavam antes, ensinando-lhes como podiam fazer-se humildes ao verem prostrada a seus pés, humilde, a própria divindade – prostrada por participar da nossa carne mortal –; e conseguiu que, quando estivessem cansados, dormissem nessa sua humilde divindade, para depois despertá-los ao ressuscitar.

DÚVIDAS SOBRE CRISTO

Mas pensava de outra maneira naquela altura; imaginava Nosso Senhor Jesus Cristo apenas como um homem de extraordinária sabedoria, dificilmente superável por outro; mas nada mais. Parecia-me que Jesus Cristo merecera uma autoridade tão grande de magistério pelo cuidado com que se ocupou de nós, por ter nascido milagrosamente da Virgem Maria, e para nos dar exemplo de desprendimento das coisas perecedouras, a fim de conseguirmos a imortalidade.

Mas não podia sequer suspeitar o mistério que encerravam estas palavras: *E o Verbo se fez carne*. Somente sabia, pelas coisas que dEle se escreveram, que comeu e bebeu, que dormiu, passeou, alegrou-se, emocionou-se e pregou; e que a carne pôde juntar-se ao Verbo de Deus por meio de uma alma e de uma inteligência humanas. Mas que o Verbo se fizesse carne, isso não o entendia, ainda que, para entendê-lo, bastasse saber que o Verbo é imutável; eu o sabia, mas apenas na medida das minhas possibilidades*.

Porque mover agora os membros do corpo e logo depois não movê-los, estar dominado agora por um afeto e depois não o sentir, dizer coisas inteligentes e depois ficar calado, tudo isso são efetivamente sinais e prova de uma alma que muda e de uma inteligência; e se tudo isso tivesse sido atribuído e escrito falsamente de Jesus Cristo, viria abaixo todo o resto; já não haveria mais nesses escritos nenhuma esperança de salvação para o gênero humano. Mas como é verdade o que está ali escrito, eu reco-

---

(*) Uma interpretação literal e precipitada da expressão «E o Verbo se fez carne» poderia levar à conclusão de que o Verbo, a Segunda Pessoa da Santíssima Trindade, teria deixado de ser Deus.
No entanto, a teologia cristã, ao afirmar que o Verbo, por ser Deus, é imutável, soluciona essa dificuldade: o Verbo, sem deixar de ser Deus, assumiu a natureza humana, isto é, tomou para si, numa união pessoal e muito íntima, um corpo e uma alma humana. Em Jesus Cristo, Deus e homem verdadeiro, a natureza divina e a natureza humana se unem na Pessoa do Verbo. Há nEle, portanto, duas naturezas e uma só Pessoa.

nhecia em Cristo o homem integral; não somente corpo de homem ou corpo só com alma, sem inteligência humana, mas o próprio homem, inteiro. Considerava-o superior a todos os demais, não por ser a Verdade personificada, mas pela extraordinária perfeição da sua natureza humana e pela sua participação na Sabedoria.

Meu amigo Alípio pensava que os católicos criam num Deus revestido unicamente de carne, num Cristo em quem, além de Deus e da carne, não havia alma; por isso, pensava que em Cristo não havia inteligência humana. Como, por outro lado, estava bem convencido de que tudo o que se deixou escrito de Jesus Cristo não teria sentido se não se tratasse de uma criatura vivente de natureza racional, custava-lhe a decisão de aceitar a fé cristã. Depois, ao saber que essa opinião errada não era a dos católicos, mas a dos hereges apolinaristas*, alegrou-se e aceitou a fé católica.

Quanto ao que se refere a mim, devo confessar que foi somente um pouco mais tarde que percebi, a respeito da interpretação de *o Verbo se fez carne*, a diferença que existe entre a verdade católica e o erro de Fotino**. Pois

---

(*) Apolinário de Laodiceia († 390), originário da Síria, aplicou a doutrina platônica das três almas a Cristo. Dessa forma, Jesus Cristo estaria constituído por uma trilogia: a carne, a alma animal e o Verbo (Deus), que faria as vezes da alma racional. Portanto, o Verbo ter-se-ia encarnado num ser irracional, sem alma humana. A doutrina católica afirma que o Verbo se encarnou numa natureza humana perfeita, que possui tudo o que é necessário para ser verdadeiro homem: corpo e alma.

(**) A heresia de Fotino de Sírmio († 376) consistia em afirmar erroneamente que Cristo não era Deus, mas um simples homem que, no batismo do rio Jordão, foi revestido de poderes divinos. Dessa forma negava também o mistério da Encarnação: o Verbo de Deus não teria assumido a natureza humana.

acontece que a condenação dos hereges permite pôr de manifesto o são sentir e a doutrina da Igreja de Deus: *Convém que haja heresias, para que os corações que se mantiveram fortes sejam conhecidos entre os débeis.*

SABEDORIA HUMANA E SABEDORIA DIVINA

Depois de ler os livros platônicos, e movido pela sua leitura a buscar a Verdade acima do corpóreo, percebi que *o invisível existe e se faz inteligível ao contemplar as coisas corpóreas.* Mesmo que a minha tentativa tivesse falhado, compreendi o que era que ainda não podia contemplar devido à escuridão da minha alma. Sabia que Deus existia, que era infinito e não se estendia pelos espaços finitos ou infinitos; sabia que era sempre e verdadeiramente Ele mesmo, sem mudança e sem sofrer alteração alguma – em nenhuma das suas partes, porque não tem partes, nem por movimento algum –, e que todas as coisas procedem de Deus, por este único e certíssimo fato: porque existem. Estava certo de todas estas verdades, mas também de que me encontrava ainda muito fraco para poder saborear a Deus.

Falava muito de tudo isto, como se já fosse um especialista; mas, se não me houvesse decidido a andar pelo caminho da Verdade, que não está senão em Cristo nosso Salvador, não só não teria chegado a ser um perito, como me teria perdido. Dava-me ares de sábio, inchado com a minha própria estupidez, e não retificava; pelo contrário, a minha ciência cada vez me ia envaidecendo mais. Onde estava aquele amor com que verdadeiramente se edifica, e cujo fundamento é a humildade, Cristo Jesus? Como poderiam esses livros mostrar-mo? Parece-me que, de qualquer maneira, quis Deus que com eles me deparasse antes de ler as Escrituras, para que em minha memória ficasse gravado o rastro que deixaram em mim.

Ele o quis também para que, mais tarde, quando encontrasse a paz nos livros de Deus, pensadas já as feridas pelos seus divinos e suaves dedos, eu soubesse distinguir e perceber a diferença entre o orgulho presunçoso e a humildade; entre os que sabem para onde ir, mas não sabem ir, e o próprio Caminho que conduz à venturosa pátria – não somente para contemplá-la, mas para nela viver.

ENTRE SÃO PAULO E O PLATONISMO

Lancei-me avidamente sobre o venerável estilo das Escrituras, ditadas pelo Espírito, preferindo principalmente o Apóstolo Paulo; e acabaram para mim todas as objeções segundo as quais me parecia haver contradição na Bíblia entre o seu contexto e as palavras da Lei e dos Profetas. Compreendi a coerência dessas límpidas respostas divinas, e *aprendi a alegrar-me nelas com simplicidade.*

Compreendi também que tudo o que de verdadeiro eu lera nos livros platônicos estava dito nas Escrituras, realçado ainda pela graça de Deus, para que aquele que vê *não se envaideça como se não tivesse recebido a graça de ver*; e não somente deve agradecer aquilo que vê, como o próprio fato de ver, pois *que tens tu que não tenhas recebido?* Também importa agradecer o sermos movidos não somente a ver a Deus, que é sempre o mesmo, mas a ser curados dos pecados e a desejar possuí-lo. Aquele que ainda está longe, sem poder ver a Deus, deve agradecer-lhe o fato de prosseguir a caminhada pela senda que chega até Ele, porque conseguirá ver a Deus e o possuirá.

Mesmo que o homem *se deleite na Lei de Deus segundo o homem interior*, que fará com aquela outra *lei da sua carne que combate contra a lei da sua consciência, e que o mantém escravizado à lei do pecado que existe na sua carne?* Deus é justo, mas *nós pecamos, agimos mal*, portamo-nos de um modo iníquo, e por isso *a mão de Deus se abateu duramente sobre nós*; com toda a justiça fomos entregues ao homem velho e pecador, e ao anjo da morte, pois este persuadiu a nossa vontade a conformar-se com a sua, e esta *foi infiel à verdade*.

Que fará este *homem miserável?* Quem *o livrará do seu corpo de morte, senão a graça de Deus por Jesus Cristo Nosso Senhor*, que Deus gerou eterno com Ele, em quem *o príncipe deste mundo* nada pôde encontrar digno de morte, e apesar disso o matou? E assim *foi cancelada a sentença de morte que havia contra nós*.

Nada disto dizem esses livros platônicos que eu li, nem há em suas páginas esse ar piedoso das Escrituras, nem essas lágrimas próprias de quem confessa a sua própria miséria, *nem o sacrifício redentor, nem o espírito de arrependimento, nem o coração contrito e humilhado*, nem está em suas páginas a Salvação para o mundo, nem a *Cidade-Esposa, nem o penhor do Espírito Santo*, nem o Cálice de Sangue com que fomos redimidos.

Nesses livros ninguém canta: *Não obedecerá minha alma a Deus? Sim, porque dEle vem a minha salvação. Porque Ele é o meu Deus, o meu Salvador e o meu amparo, e já nunca mais dEle me afastarei.*

Nesses livros ninguém escuta Aquele que nos chama, dizendo: *Vinde a mim todos vós que trabalhais.* É como se dEle se envergonhassem porque *é manso e humilde de coração.* Sucede que *Ele ocultou estas coisas aos sábios e prudentes, e as revelou aos pequeninos.*

Uma coisa é vislumbrar do alto de um pico escarpado a pátria da paz, mas não encontrar o caminho que a ela conduz, e afadigar-se inutilmente por lugares em que não há caminho, e estar cercado por toda a parte e rodeado das emboscadas armadas pelos prófugos e desertores, com seu chefe e príncipe o Leão e o Dragão; e outra coisa é alcançar a senda que conduz à pátria, defendida pela vigilância do Imperador do céu, onde os desertores da milícia celestial não só não podem assaltar-nos, como até receiam aproximar-se.

Todas estas coisas me penetraram até às entranhas de uma maneira maravilhosa, quando li aquele que a si mesmo se chama *o menor dos Apóstolos*; e, ao ponderar as obras de Deus, senti-me assombrado e maravilhado, como se estivesse fora de mim.

HESITAÇÕES

Quero dar graças a Deus e confessar a sua misericórdia sobre mim. *Que os meus ossos se impregnem do seu amor e digam: Senhor, quem como tu? Rompeste os meus grilhões, desejo oferecer-te um sacrifício de louvor.*

Quero contar como Deus rompeu os meus grilhões, e todos os que o amam, quando o lerem, dirão: *Bendito seja o Senhor no céu e na terra; seu nome é grande e admirável.*

A palavra de Deus como que se aferrara às minhas entranhas, e por todos os lados me via cercado por Deus. Estava já certo de que Ele é vida eterna, ainda que não o visse senão *em enigma e como num espelho*; também já não tinha a menor dúvida sobre o Ser Incorruptível, e sabia que do Incorruptível procede tudo. Contudo, não é que desejasse ter maior certeza de Deus, mas mais firmeza na minha fé.

Quanto à minha vida, sim, é que tudo eram dúvidas. Sabia que devia purificar o meu coração da velha levedura do pecado, e atraía-me o verdadeiro Caminho, o Salvador. Mas tinha preguiça de começar a caminhar pela sua estreita senda.

Deus inspirou-me então a ideia, que na altura me pareceu excelente, de me dirigir ao meu amigo Simpliciano*, pois parecia-me um bom filho de Deus e transluzia nele a graça divina. Ouvira também dizer dele que desde a juventude vivera muito piedosamente. Como agora já era velho, parecia-me que, com tantos anos dedicados ao serviço de Deus, devia ser um homem de vasta experiência e douto; e assim era na verdade. Quis, pois, confiar-lhe as minhas dúvidas e inquietações, para que me dissesse qual o modo de vida mais indicado para mim, tendo em conta o estado de ânimo em que me encontrava, e assim começasse a caminhar pela *senda estreita*. Pois eu via a Igreja de Deus cheia de gente, mas uns iam por um caminho e outros por outro.

(*) Simpliciano, homem reto e honrado, que mereceu tantos elogios de Santo Agostinho, foi quem sucedeu a Santo Ambrósio no bispado de Milão, a partir de 397.

Estava descontente comigo mesmo pela vida que levava; e como já não me acendia como antes nos desejos da carne, nem cifrava a minha esperança no triunfo e na riqueza, estava farto de suportar uma carga tão pesada – porque já nenhuma dessas coisas me satisfazia, em comparação com a doçura e *formosura da casa de Deus, que amava.*

Sentia-me, porém, fortemente atado ao desejo de ter mulher; e como o Apóstolo Paulo não proibia o casamento, mas apenas convidava a escolher o melhor ao desejar vivamente que todos fossem como ele, eu, sendo mais fraco, escolhia o caminho mais fácil. Esse era o motivo pelo qual caminhava tão lentamente em tudo o mais, e consumia-me envolto nessas preocupações esgotantes que necessariamente tinha de aceitar, pois são coisas inerentes à própria vida conjugal a que me sentia inclinado, sem, no entanto, poder suportá-las.

Ouvira da própria boca da Verdade que *há eunucos que a si mesmos se mutilaram por amor do reino dos céus*; mas ao mesmo tempo via que acrescentava: *Isso, faça-o quem puder fazê-lo.* E ainda: *Estão vazios todos os homens em quem não há ciência de Deus, esses que através das coisas visíveis não souberam descobrir Aquele que é.*

Eu já conhecera e ultrapassara esse vazio, e pelo testemunho que dá a criação inteira descobrira o Criador, e o Verbo de Deus, Deus de Deus e único Deus, por quem todas as coisas foram criadas. Há ainda um outro tipo de homens vazios: *os que, apesar de conhecerem a Deus, não lhe deram glória como a Deus, nem lhe deram graças.* Também caíra neste grupo de homens, mas a mão de Deus me levantou e dali me tirou, e me pôs num lugar onde pudesse recuperar-me da minha enfermidade. Deus disse ao homem: *A piedade é sabedoria*; e também: *Não queiras parecer sábio, pois os que a si mesmos se chamam sábios tornam-se néscios*.

Encontrara finalmente a pérola preciosa, essa que devia comprar vendendo tudo o que tinha; mas ainda hesitava.

A CONVERSÃO

A CONVERSÃO DE VITORINO

Fui ver Simpliciano, que fora como um pai na graça para o bispo Ambrósio, e a quem este queria verdadeiramente como a um pai.

Contei a Simpliciano os meus desgraçados passos pelos caminhos do erro; mas quando lhe disse que lera alguns dos livros platônicos que um certo Vitorino traduzira para o latim, felicitou-me por isso, porque neles se aponta de mil maneiras para Deus e o seu Verbo, coisa que não acontece nos escritos de outros filósofos, que estão cheios de erros e enganos.

Para animar-me a seguir a humildade de Cristo, escondida aos que se dizem sábios e revelada aos pequeninos, Simpliciano falou-me amplamente de Vitorino, de quem eu apenas ouvira dizer que fora professor de retórica em Roma e morrera na fé cristã.

Simpliciano conhecera-o intimamente quando estava em Roma; e contou-me dele algo que não quero deixar passar em silêncio, porque o modo como Vitorino se fez cristão encerra um grande louvor à misericórdia de Deus e deve ser dado a conhecer.

Vitorino era um ancião muito sábio, versado em todas as Artes Liberais; lera e criticara extensamente inúmeras obras de diversos filósofos; fora professor de muitos nobres senadores e, como prêmio pelo seu excelso magistério, merecera e aceitara que lhe levantassem uma estátua no Foro romano, coisa que se costuma considerar o *summum*. Até então adorara os ídolos e participara nos seus sacrilégios sagrados, como estava de moda em quase toda a arrogante nobreza romana, que acolhia favoravelmente o culto de Osíris, *os deuses, monstros de todo o gênero, e Anúbis, o lavrador, os quais se levantaram em armas contra Netuno, Vênus e Minerva**, divindades a quem a própria Roma dirigia as suas súplicas, apesar de provirem dos povos vencidos.

Pois bem, esse ancião, Vitorino, que durante tantos anos defendera esses deuses com a sua voz aterradora, não teve vergonha de fazer-se servidor de Cristo, de tornar-se criança na Fonte de Deus, pelo batismo, de pôr ao pescoço o jugo da humildade e de baixar a fronte sob o peso da Cruz.

De que modo o Senhor, *que inclina os céus e desce por eles, que toca os montes e estes se incendeiam*, de que modo este grande Senhor se deu a conhecer a esse coração?

Contava-me Simpliciano que Vitorino lia e investigava as Sagradas Escrituras, e estudava minuciosamente todos os escritos cristãos; e que um dia lhe disse, não em público, mas em privado e com todo o segredo:

– Sabes que já sou cristão?

(*) Virgílio, *Eneida*, 8, 698-9.

E Simpliciano respondeu-lhe:

— Não acreditarei em ti nem te terei na conta de cristão enquanto não te vir na Igreja de Cristo.

Vitorino, ironicamente, replicou:

— Mas serão as paredes que fazem os cristãos?

Esse «já sou cristão», disse-lho muitas vezes; mas Simpliciano sempre lhe respondia o mesmo; e Vitorino, da mesma maneira, sempre retrucava com a ironia das paredes.

Acontece que Vitorino temia ofender os seus amigos, soberbos adoradores de demônios; pensava que, do alto da sua babilônica dignidade, como se fossem cedros do Líbano ainda não derrubados pelo Senhor, esses amigos cairiam sobre ele como terríveis inimigos, se publicamente se fizesse cristão.

Mas, depois das suas profundas leituras, tornou-se forte e temeu ser «negado por Cristo *diante dos seus anjos*», se tivesse medo de confessá-lo *diante dos homens*. Percebeu que se tornaria réu de um grande pecado se se envergonhasse dos «sacramentos da humildade» do Verbo de Deus, sem envergonhar-se, pelo contrário, dos «sacrilégios sagrados», dos soberbos demônios que ele mesmo tinha recebido, igualando-se a eles em soberba. Envergonhou-se desse vazio, e envergonhou-se de desprezar a verdade; e, num repente, inopinadamente, disse a Simpliciano:

— Vamos à igreja; quero fazer-me cristão.

Simpliciano não cabia em si de alegria, e foi com ele. Instruiu-o nas primeiras noções dos sacramentos, e Vitorino deu a inscrever o seu nome para ser – não muito depois – regenerado pelo batismo, ante a surpresa de toda a Roma e a alegria da Igreja.

Ao vê-lo, aqueles soberbos enchiam-se de raiva, *rangiam os dentes e consumiam-se*; mas Vitorino já pusera em Deus *as suas esperanças e não dava atenção às vaidades e mentirosas loucuras*.

Por fim, quando chegou a hora de fazer a profissão de fé – que em Roma costuma realizar-se na presença dos fiéis, com umas palavras fixas aprendidas de cor, e de um lugar elevado –, os sacerdotes ofereceram a Vitorino a possibilidade de fazê-la em privado, como se costumava permitir a alguns que deixavam antever vergonha ou timidez. Assim mo contou Simpliciano. Mas Vitorino preferiu confessar a sua salvação na presença do povo de Deus, já que antes ensinara retórica publicamente, e nela não está a Salvação. Não devia, pois, ter medo algum de pronunciar a palavra de Deus diante da sua mansa grei, já que não o tivera ao lançar os seus discursos a verdadeiras turbas de loucos.

E foi assim que, ao subir para fazer a profissão de fé, todos, à medida que o iam reconhecendo, cochichavam uns para os outros o seu nome, num murmúrio de felicitações. Quem havia ali que não o conhecesse? E do peito de todos os que com ele se alegravam irrompeu o grito longamente reprimido:

– Vitorino, Vitorino!

Puseram-se a gritar com a alegria de vê-lo, mas logo se calaram, pois desejavam também ouvi-lo.

Vitorino fez a profissão da verdadeira fé com notável firmeza, e parecia que todos queriam raptá-lo e levá-lo no seu coração; e realmente o raptaram com o seu amor e a sua alegria: essas foram as mãos com que o raptaram.

ALEGRIA NO CÉU PELA CONVERSÃO

Por que nos dá mais alegria uma alma perdida e salva do perigo, do que uma outra que não chega a estar propriamente em perigo ou sempre deu esperanças de salvação? Mas também Deus, Pai misericordioso, se alegra mais *por um pecador que faz penitência do que por noventa e nove justos que dela não necessitam*. E também nós escutamos com alegria o relato da ovelha perdida, devolvida ao redil sobre os alegres ombros do pastor; e o da dracma perdida, devolvida aos tesouros de Deus com as felicitações das vizinhas à mulher que a encontrou. E a alegria arranca lágrimas dos nossos olhos quando, na casa de Deus, nos é lido aquele texto do filho pródigo que *estava morto e voltou à vida, estava perdido e foi encontrado*.

É que Deus se alegra conosco e com os seus anjos, santificando-nos pelo seu santo amor. Ele é sempre o mesmo pois conhece sempre do mesmo modo; mas as coisas não são sempre as mesmas nem sempre do mesmo modo. Que sucede, pois, na alma para que se alegre mais com as amadas coisas perdidas que encontra e recupera, do que com as que nunca perdeu? Muitas coisas provam que isto é sempre assim.

Um imperador venceu, e não teria vencido se não tivesse lutado; quanto maior o perigo da batalha, maior a alegria do triunfo. Uma tempestade assola os navegantes e o mar ameaça tragá-los, e todos empalidecem ante a morte que os espera; mas depois o céu e o mar serenam, e os navegantes alegram-se extraordinariamente, porque fora também extraordinário o seu medo. Um amigo fica doente, e a sua respiração agitada anuncia um desenlace fatal; todos os que quereriam vê-lo bom adoecem com ele de tristeza; mas sai do perigo e, mesmo que ainda não caminhe com a força de antes, há já tal alegria entre os amigos que a ela não se pode comparar a que havia antes, quando estava com eles, são e forte.

E o mesmo acontece com os prazeres da vida. Não é verdade que os conseguimos vencendo algumas contrariedades, tantas vezes não apenas imprevistas, mas queridas e até buscadas? Nem no comer nem no beber há prazer, se antes não se teve fome e sede. Os que gostam do vinho costumam comer antes alguma coisa salgada, para sentir essa sede incómoda que, apagada com a bebida, causa prazer. É habitual que as mulheres prometidas não se entreguem imediatamente aos homens, para que depois estes, como maridos, não as desprezem por não as terem desejado longamente, quando eram noivos. O mesmo sucede com o deleite carnal, tanto nas suas baixas manifestações como nas satisfações lícitas e permitidas; e também com a amizade honesta e sincera. Foi o que aconteceu com aquele que *estava morto e ressuscitou, que se perdera e foi encontrado*. É que sempre é maior a alegria que foi precedida de uma grande dor.

Como é possível que, sendo Deus alegria eterna em si mesmo, e havendo almas que, junto dEle, dEle desfrutam sempre, exista essa parte inferior do mundo sujeita a alternativas de quedas e progressos, de ofensas e reconciliações? A que se deve isso? Será este o modo de ser das criaturas, a única coisa que Deus lhes concedeu quando, *do mais alto dos céus* ao mais profundo da terra, do princípio dos tempos ao fim dos séculos, do anjo ao verme, do primeiro movimento ao último, distribuiu todas as variedades de bens, todas as suas obras justas, cada uma segundo o seu lugar próprio e o seu próprio tempo?

Ai de mim! Como Deus é excelso nas alturas e profundo no abismo! Não se afasta de nós em direção a lugar algum, e mesmo assim mal conseguimos dirigir-nos a Ele.

Vem, Senhor, mãos à obra! Desperta-nos e chama-nos, inflama-nos e aproxima-nos de Ti, derrama a tua fragrância sobre nós e sê piedoso conosco. Faz que Te amemos, que corramos para Ti!

ALEGRIA NA IGREJA

Não é verdade que muitos se voltam para Deus, vindos de um abismo de cegueira muito mais profundo do que o de Vitorino, e dEle se aproximam e são iluminados? Com essa luz recebem também o poder de se fazerem filhos de Deus.

Mas se essas pessoas não são conhecidas pelos outros, pouco poderão estes alegrar-se com elas; nem mesmo os que as conhecem o poderão, se não sabem da sua alegria. Mas, quando se permite a muitos participar dessa alegria, esta se torna maior até individualmente, porque nos afervoramos e inflamamos uns aos outros.

Além disso, os que são conhecidos por muita gente, como Vitorino, servem a muitos de autoridade no caminho da salvação, e abrem caminho aos que virão a segui-los; este é o motivo pelo qual há maior alegria com a conversão das pessoas publicamente conhecidas.

Longe de mim pensar que na casa de Deus se prefiram os ricos aos pobres, os nobres aos plebeus. Longe de mim pensá-lo! Pelo contrário, Deus escolheu *o que é fraco segundo o mundo para confundir os fortes, e o ignóbil e desprezível segundo o mundo e o que parece que não é, para destruir o que é.* No entanto, o *menor dos Apóstolos*, através de quem Deus pronunciou estas palavras, depois de vencer com a sua pregação a soberba do procônsul Sérgio Paulo e de submetê-lo ao suave jugo do Grande Rei, quis mudar o seu primitivo nome de Saulo para o de Paulo, como prova desta sua insigne vitória. Pois é maior a vitória quando é ganha contra um grande inimigo, porque este tipo de inimigos poderosos mantêm subjugados e atacam muitos outros devido ao seu poder; e estes, por sua vez, investem contra muitos outros mais.

Foi por isso que se celebrou com mais alegria a valentia de Vitorino, porque outrora tinha sido como uma fortaleza inexpugnável invadida pelo diabo, e com as suas palavras, quais grandes e agudos dardos, matara muitos. Por isso deviam alegrar-se tanto agora os filhos de Deus, porque esse valente acabava de ser subjugado pelo nosso Rei. Uma vez recuperados os *vasos eleitos* de Deus, são limpos e destinados a coisas grandes, e convertem-se em *instrumento do Senhor para toda a obra boa.*

O ESPÍRITO E A CARNE

Quando Simpliciano me contou estas coisas de Vitorino, acendi-me em desejos de imitá-lo; na realidade, fora com essa intenção que mas contara. Depois, quando acrescentou que em tempos do Imperador Juliano se promulgara uma lei que proibia os cristãos de ensinarem literatura e oratória, e que Vitorino acatara essa lei, preferindo deixar a sua escola a abandonar a Deus, não sei se não me impressionou mais a boa sorte de Vitorino do que a sua valentia, por ter deparado com essa ocasião de servir a Deus.

Era isso que eu desejava; mas estava como que acorrentado, não por ferros alheios a mim, mas pelos do meu próprio amor agrilhoado. O demônio era dono da minha vontade, e dela fizera uma cadeia em que me mantinha prisioneiro. Pois a vontade má nasce da concupiscência, e quando se obedece aos desejos da carne, estes tornam-se costume; quando não se quebra esse costume, torna-se necessidade. Com tais elos, entrelaçados uns nos outros, fizera eu a cadeia com que o demônio me mantinha acorrentado à mais dura escravidão.

A nova vontade que começava a nascer, a vontade de servir a Deus e desfrutar dEle, única alegria segura, ainda não era capaz de vencer aquela outra vontade, a primeira, que com os anos se fizera tão forte em mim. Deste modo, ambas as vontades, a velha e a nova, a carnal e a espiritual, lutavam entre si e, na sua luta, despedaçavam-me a alma.

Compreendi assim, por experiência própria, o texto que havia lido: *A carne luta contra o espírito e o espírito contra a carne.* Eu estava em ambos os lados, mas mais no lado bom do que no mau. Porque no mal havia mais «não-eu» do que «eu», pois as mais das vezes sofria essa agonia contra a minha vontade, e eram já menos as vezes em que fazia o mal querendo-o.

Não obstante, era de mim que vinha esse mau hábito que me dominava, pois tinha sido por querer que chegara aonde agora não quereria ter chegado. Como podia queixar-me dessa situação, se é justo que se castigue aquele que peca?

Não era válida a desculpa – com que às vezes me convencia a mim mesmo – de que, se ainda não servia a Deus, se ainda não desprezava o mal, era por não ter uma ideia clara da verdade. Já a tinha, e firme. Mas, pegado ainda à terra, não queria alistar-me no exército de Deus, e tinha medo de libertar-me de toda a minha equipagem de barro – como se receasse ficar preso.

Sentia-me, pois, agradavelmente oprimido pelo peso do mal. Como acontece quando dormimos, a minha decisão de levantar-me e ir para Deus era parecida ao esforço de quem quer acordar, mas, vencido por um sono pesado, volta a adormecer. Não há ninguém que queira estar sempre dormindo; todos preferem estar acordados. Mas, às vezes, os homens não sacodem o sono quando estão muito cansados; mesmo que tenha chegado a hora de levantar-se e digam que preferem estar acordados, continuam dormindo com gosto. Assim acontecia comigo; tinha a certeza de que era melhor entregar-me ao amor de Deus do que ceder aos desejos da minha carne, mas, ainda que esse amor me agradasse, deixava-me vencer pelo outro, e os meus apetites me atraíam e acorrentavam.

Já não tinha qualquer desculpa de que lançar mão quando Deus me dizia: *levanta-te, tu que dormes, sai dentre os mortos e Cristo te iluminará*. Via de mil maneiras que era verdade o que Deus me dizia; já nada podia objetar, vencido pela verdade; só podia balbuciar palavras sonolentas:

– Vou já... Dentro em pouco... Espera um pouco mais...

Mas este *já* nunca acabava de chegar, e este *um pouco mais* ia-se prolongando.

Era inútil esse desejo de buscar a paz *na Lei de Deus segundo o homem interior, porque no meu corpo outra lei gritava contra a lei do meu espírito e mantinha-me cativo sob a lei do pecado do meu corpo.* Lei do pecado é essa força que tem a violência do hábito; por ela é arrastado e submetido o espírito, mesmo contra vontade, como justo castigo por se ter deixado cair nela voluntariamente. *Miserável de mim! Quem me livrará deste corpo de morte, a não ser a graça de Deus, por meio de Jesus Cristo nosso Senhor?*

OS AMIGOS DE PONTICIANO

Contarei agora como Deus me livrou das amarras do meu desejo de praticar o coito, que me mantinha fortemente aprisionado, e da escravidão dos meus assuntos profissionais; devo confessar *o nome de Deus, meu Senhor, meu auxílio e meu Redentor.*

Levava a vida de costume, numa angústia crescente, e todos os dias suspirava por Deus, e frequentava a igreja quando mo permitia o meu trabalho, cujo peso me sufocava.

Meu amigo Alípio estava comigo, desonerado momentaneamente do seu cargo de assessor jurídico-administrativo e à espera de novas oportunidades de vender os seus pareceres, assim como eu vendia a arte de falar bem, se é que isso pode ser conseguido mediante o ensino. Nebrídio, porém, não vivia conosco porque partira com o nosso íntimo e comum amigo Verecundo, gramático milanês que necessitava de um ajudante e nos havia pedido insistentemente alguém do nosso grupo. Não foi o interesse econômico que convenceu Nebrídio, pois poderia perfeitamente ganhar mais, se tivesse querido ensinar o muito que sabia; mas, por amizade, não quis esse amável e bom amigo negar-nos o que lhe pedíamos. Procedia sempre com muita discrição, evitando tornar-se conhecido das pessoas influentes da alta sociedade, porque queria livrar-se de preocupações e compromissos e conservar-se tão desocupado quanto possível para poder investigar, ler ou escutar tudo o que valesse a pena.

Certo dia, em que Nebrídio estava ausente – não me recordo do motivo –, veio visitar-nos, a Alípio e a mim, um tal Ponticiano, nosso compatriota africano, que tinha um alto cargo no palácio do Imperador Teodósio. Também não me recordo do que queria de nós; sentamo-nos a conversar e, por acaso, reparou num manuscrito que estava diante de nós, sobre a mesa de jogo. Tomou-o, abriu-o e surpreendeu-se muito ao ver que era do Apóstolo Paulo, pensando que seria um dos livros que eu usava nas minhas aulas. Sorriu e, olhando-me satisfeito, disse-nos que se admirava de encontrar aquele escrito em minha casa, precisamente aquele, pois ele era cristão e ia muitas vezes à igreja, e adorava a Deus com frequência e fazia longas orações.

Comentei-lhe que todo o meu interesse estava naquelas Escrituras. Ele tomou imediatamente a palavra e falou-nos de Antão, um monge do Egito muito admirado dos cristãos, de quem nunca ouvíramos falar até aquele momento. Percebendo-o, estendeu-se na conversa e falou-nos detalhadamente desse grande homem que não conhecíamos, estranhando a nossa ignorância. E nós ouvíamos estupefatos essas maravilhas divinas, tão autênticas, tão recentes*, ocorridas na Igreja Católica, na verdadeira fé. Todos estávamos admirados: nós, de ouvir coisas tão grandes; ele, de nunca as termos ouvido.

Depois começou a falar-nos das muitas pessoas que vivem em mosteiros, dos seus costumes, cheios de um encanto especial; dos fecundos desertos do ermo, dos quais também não sabíamos nada. Disse-nos que na própria cidade de Milão, fora das muralhas da cidade, havia um mosteiro cheio de bons irmãos e sob a direção de Ambrósio; também não sabíamos disso. Ponticiano continuava o seu relato, estendendo-se mais e mais, e nós o escutávamos, atentos e em silêncio.

Passou a contar-nos que, certa vez – creio que em Tréveris –, saíra a dar uma volta com três amigos pelos jardins imperiais e pelos bosques contíguos à muralha. Era depois do meio-dia e o Imperador assistia aos jogos circenses. Sem que o percebessem, puseram-se a passear em grupos de dois, um amigo com ele por um lado, os outros dois pelo outro, e separaram-se. Os outros dois, caminhando sem rumo fixo, foram parar a uma cabana onde viviam uns monges cristãos, desses *pobres de espírito*

(*) Santo Antão morreu em 356.

dos quais é o reino dos céus, e encontraram lá um manuscrito que narrava a vida de Antão. Um dos dois começou a lê-lo, e a admirar-se e a entusiasmar-se, pensando, enquanto lia, em tomar esse gênero de vida e em abandonar o mundo e assim servir a Deus.

Esses dois eram também funcionários do palácio, dos chamados agentes de negócios do Imperador. Aquele que lia sentiu-se repentinamente cheio de um amor santo e, envergonhado e irado consigo mesmo, olhou para o companheiro e disse-lhe:

– Diz-me, por favor, onde é que pretendemos chegar com todo o nosso trabalho? Que buscamos? Que sentido tem a nossa luta? Podemos por acaso chegar a ser no palácio alguma coisa mais do que *amigos de César?* E mesmo para isso, quanta insegurança e quantos inconvenientes! Quantos inconvenientes para chegarmos a alcançar o que talvez seja um inconveniente ainda maior! Por outro lado, quando é que poderemos conseguir ser amigos de César? No entanto, se quiser, agora mesmo posso ser amigo de Deus.

Disse isso devido à emoção da nova vida que nascia dentro dele. Voltou a pegar o livro e, à medida que continuava a ler, ia mudando interiormente. Seu espírito desnudava-se do mundo, como depois se viu. Ia-se abalando o seu coração, e chegou até a gritar. Por fim viu claro, e, resolvido a seguir o caminho melhor, já entregue a Deus, disse ao amigo:

– Já rompi com as nossas esperanças; decidi entregar-me ao serviço de Deus, e quero começar neste mesmo momento, neste mesmo lugar. Tu, se não quiseres seguir-me, ao menos não mo impeças.

O amigo respondeu-lhe que queria segui-lo e participar da sua sorte e fazer parte dessa grande milícia. E, já de Deus, começaram ambos a edificar essa casa de que fala o Evangelho, com a energia necessária para abandonar todas as coisas e seguir Jesus Cristo.

Ponticiano e seu acompanhante, que continuavam a caminhar por outro lugar dos jardins, puseram-se a buscá-los e foram parar na mesma cabana, onde os encontraram. Quando lhes disseram que já eram horas de voltar para o palácio, pois anoitecia, os outros contaram-lhes o seu decidido propósito, como surgira e como se fizera tão firme neles; e pediram-lhes que, se não quisessem juntar-se a eles, ao menos não lhes dificultassem a decisão que tinham tomado.

Ponticiano e seu companheiro, que não haviam passado por essa transformação, lamentaram não ter tido essa sorte; felicitaram-nos carinhosamente e pediram-lhes que rezassem por eles. O coração permanecia-lhes posto nas coisas da terra, e voltaram para o palácio. Os outros dois, com o coração posto nas coisas do céu, permaneceram na cabana. Ambos estavam noivos e a ponto de casar-se; quando as noivas souberam do que acontecera, também consagraram a Deus a sua virgindade.

COMBATE ESPIRITUAL

Enquanto Ponticiano nos ia contando estas coisas, o Senhor fez-me girar sobre mim mesmo, tirou-me de detrás das minhas costas, onde me escondera para não me ver a mim mesmo, e pôs-me cara a cara comigo próprio, para que eu visse como era horrível, disforme e sujo, manchado e coberto de chagas.

Vi-me e fiquei aterrorizado, mas não tinha para onde fugir de mim mesmo. Quando procurava afastar o olhar de mim, Deus, servindo-se do que Ponticiano contava, tornava a pôr-me energicamente diante dos meus olhos, para que percebesse a minha maldade e me odiasse. Já a conhecia, mas até então tinha querido dissimulá-la; ocultava-a e esquecia-me da minha própria fealdade.

Mas naquele momento, quanto mais vivamente me impressionavam os protagonistas da história, a quem Deus concedera tão grande graça por se terem entregado totalmente a Ele, tanto mais me desprezava e me odiava ao comparar-me com eles. Haviam passado muitos anos já – uns doze, aproximadamente – desde que fizera dezenove, desde o ano em que, ao ler o *Hortênsio*, de Cícero, me sentira movido a buscar a sabedoria. Mas fora adiando o dedicar-me a ela, e abandonara-me a essa satisfação que trazem as coisas da terra. Abandonara essa sabedoria que, não somente ao ser encontrada, mas até quando é apenas buscada, se torna o maior de todos os bens e é melhor do que todos os reinos do mundo, e mais agradável do que todos os prazeres juntos.

Adolescente e miserável, sim, totalmente miserável, porque desde a minha adolescência pedira a Deus a castidade; mas pedira-a deste modo: «Dá-me a castidade e a continência, mas não já», porque temia que Deus me escutasse com demasiada rapidez e me curasse imediatamente da enfermidade da minha concupiscência, que eu queria antes satisfazer do que apagar. Depois, entrara pelo mau caminho dessa sacrílega superstição maniqueia, não porque me parecesse verdadeira, mas apenas porque deparei com ela antes de encontrar a Verdade, essa verdade que, no fundo, não procurava sinceramente, mas até combatia como se fosse um inimigo.

Mais tarde pensei que esse adiar dia após dia o seguimento exclusivo de Deus, sem tampouco entusiasmar-me com as coisas da terra, era porque não encontrava nada de seguro a que pudesse dirigir-me; mas agora chegara o dia em que passava a estar nu diante de mim mesmo, e a minha consciência me gritava: «Onde está o que dizias? Dizias que, por não estares seguro da verdade, não te decidias a lançar fora o fardo do teu vazio. Agora já estás seguro, e apesar disso continuas com a carga às costas. Houve outros que não se mataram nas suas buscas, nem meditaram dez anos ou mais, como tu, e já têm asas nas costas, e estão livres de toda a carga».

Com isto remordia-me por dentro, e enrubescia intensamente com uma vergonha horrível. Entretanto, Ponticiano continuava a falar e, quando acabou, explicou-nos o motivo por que viera ver-nos e foi-se.

Caindo então em mim, que coisas eu me disse! Com que chicotadas de acusações açoitei a minha alma para que me obedecesse, a mim, que me esforçava por ir em direção a Deus! Minha alma resistia, não queria, mas já não podia alegar desculpa alguma, pois já estavam esgotados e rebatidos todos os argumentos. Só lhe sobrava uma espécie de mudo terror; e era isso o que eu experimentava: um medo mortal de ver que teria de afastar-me do meu hábito cotidiano, em que ia apodrecendo dia após dia.

A ALMA DESOBEDIENTE A SI PRÓPRIA

Na angústia da minha indecisão, puxava dos cabelos, batia na fronte, retorcia as mãos, apertava os joelhos... Não posso dizer que o fizesse sem querer; fazia-o porque queria. Mas por dentro parecia-me ser desses que querem andar e não podem, por estarem mutilados ou debilitados por alguma doença, ou por estarem atados com correntes ou impedidos de qualquer outro modo.

Fiz, portanto, muitos movimentos em que não coincidiam o querer e o poder; e não fiz o que desejava muito mais, quando teria podido fazê-lo, bastando para isso querer. Pois no mesmo instante em que realmente o tivesse querido, teria podido; nisto, poder é o mesmo que querer, querer já é poder, é atuar.

Mas não atuava. O meu corpo, movendo os membros à mais leve ordem da minha alma, obedecia mais facilmente à vontade desta do que a alma obedecia a si mesma.

Donde nascia tal monstruosidade? Por que tinha de ser assim? Oxalá a luz da misericórdia divina me iluminasse, oxalá pudesse perguntar, se é que me responderiam, ao abismo de dor do homem e às obscuras penas dos filhos de Adão: donde nasce esta monstruosidade? Por que é assim?

A alma manda ao corpo, e este obedece; a alma manda a si mesma, e esta resiste. A alma manda à mão que se mova, e esta o faz com tanta facilidade que a ordem mal se distingue da execução. E isto apesar de a alma ser alma, e a mão corpo. A alma manda à alma que queira; no entanto, não sendo distinta de si mesma, não obedece. Donde nasce esta monstruosidade? Por que é assim?

É que, se a alma manda a si própria, é porque quer; e se não faz o que mandou, é porque não quer. Se a alma não obedece a si mesma, é porque não manda a si própria totalmente; esta é a razão pela qual não faz tudo o que manda. Se de verdade mandasse totalmente. não precisaria mandar a si mesma que quisesse, porque já quereria.

Não há, pois, nenhuma monstruosidade em querer em parte e em parte não querer, pois isso é devido à debilidade da alma. Quando a alma é atraída pela verdade, não se levanta toda inteira, pois está oprimida pelo peso dos hábitos. Há na alma como que duas vontades, e se uma delas não é completa, a outra encerra o que falta à primeira.

Quando hesitava em decidir-me a servir a Deus, coisa que já me propusera havia tanto tempo, era eu quem queria, e era eu quem não queria, somente eu. Mas, como não queria totalmente nem totalmente dizia não, lutava comigo mesmo e despedaçava-me; por mais que não desejasse esse despedaçamento, não era outra vontade alheia à minha a que não desejava, mas apenas a compaixão que sentia por mim mesmo.

Desta maneira atormentava-me com mais dureza do que nunca, uma vez e outra, plenamente consciente disso, contorcendo-me nos meus grilhões para ver se rompia esse pouco que me retinha, mas que, pouco ou muito, me acorrentava. Deus movia-me, gritando-me no meu interior. E ante a sua severa misericórdia, redobrava o meu medo e a minha vergonha em ceder e em acabar de romper o pouco que ainda faltava, para não acontecer que se refizessem novamente as minhas velhas cadeias e me atassem outra vez e com mais força.

O ÚLTIMO ASSÉDIO DAS PAIXÕES

Interiormente, dizia-me: «Vamos, agora, agora!» Estava já quase a ponto de passar da palavra às obras, no limiar da ação; mas... não agia. É verdade que não dava um passo para trás. Mas ficava como que à beira do meu passo anterior; tomava fôlego e tentava de novo. Cada vez faltava menos, e depois menos, e já quase tocava o fim, quase o alcançava. Mas a verdade é que nem chegava até ele, nem o tocava, nem o alcançava. Podia mais em mim o mal que já se fizera hábito do que o bem a que eu não me habituara. Ia-me apavorando cada vez mais, à medida que se aproximava o momento decisivo. E se este pavor não me fazia voltar atrás nem me afastava da meta, ainda assim mantinha-me paralisado e quedo.

Eram bagatelas as coisas que me retinham, *vaidades de vaidades*, minhas antigas amigas; puxavam-me pela minha roupa de carne e dizia-me em voz baixa: «Queres deixar-nos? Já não estaremos mais contigo, nunca, nunca? A partir de agora, nunca mais poderás fazer isto... nem aquilo?»

E que coisas, meu Deus, que coisas me sugeriam com as palavras *isto* e *aquilo!* Por favor, meu Deus, afasta-as da minha alma! Que imundícies me sugeriam, que indecências!

É verdade que as ouvia como que de longe, com menos da metade da força de antes; já não me enfrentavam cara a cara, limitando-se a sussurrar-me pelas costas e a beliscar-me às escondidas, para que me voltasse enquanto me ia afastando delas.

Falavam-me com pouca força; pois lá para onde eu olhava, e para onde tinha medo de saltar, podia já ver a casta dignidade da continência, serena, alegre, acariciando-me honestamente para que me aproximasse sem medo, estendendo-me as suas piedosas mãos, cheias de boas obras, para dar-me as boas vindas e abraçar-me.

Com ela estava uma multidão de meninos e meninas, numerosos jovens e homens de todas as idades, viúvas veneráveis e anciãs virgens, e todos viviam a mesma continência, não estéril, mas fecunda, verdadeira mãe dos filhos da alegria. E ela me sorria com um sorriso que me alentava e que parecia dizer-me: «Por que não hás de poder tu o que estes e estas puderam? Pensas que eles e elas o podem com as suas próprias forças? Não é antes com a força do Senhor que podem? Foi o Senhor, seu Deus, quem me entregou a eles. Por que procuras apoiar-te em ti mesmo, se não consegues sequer permanecer em pé? Joga-te nos braços de Deus, não tenhas medo; Ele não se retirará para que caias; joga-te, na certeza de que Ele te receberá e te curará».

E eu enchia-me de uma grande vergonha, porque ainda dava ouvidos aos sussurros daquelas atrativas vaidades, e hesitava, e continuava a não me decidir.

Mas novamente a continência parecia dizer-me: *Não dês ouvidos aos teus sujos desejos*, mortifica-os; *eles te falam de prazeres, sim, mas não são conformes à lei do Senhor, teu Deus*. Esta era a luta que se travava em meu coração: eu contra mim mesmo.

Entretanto, Alípio, quieto a meu lado, aguardava em silêncio o desenlace da minha inusitada comoção interior.

A CONVERSÃO: TOMA E LÊ!

Enquanto se desencadeava esta terrível batalha em minha morada interior, provocada por mim mesmo com fúria no mais íntimo da minha alma, no meu coração, desfeito interiormente e por fora, disse a Alípio:
— Que é que nos acontece? Ouviste o que disse Ponticiano? Aqueles ignorantes conseguem o céu, e nós, com a nossa cultura, mas sem coração, olha como chafurdamos na carne! Teremos então vergonha de segui-los, quando seria vergonha maior não segui-los?
Não sei que outras coisas disse; pus-me a chorar e saí. Alípio ficou atônito, sem dizer palavra. É que naquele momento eu não falava de maneira normal, não tanto por causa das palavras que dizia, como pelo meu estado de ânimo, patente no meu rosto, no meu olhar e na minha voz.
Na casa em que estávamos hospedados, havia um pequeno jardim que estava à nossa disposição, como aliás toda a casa, pois o dono não vivia nela. Fui ao jardim, como que empurrado por essa explosão afetiva, para que ninguém interrompesse o acalorado combate que travava comigo próprio. Queria estar a sós, até resolver de uma vez o que Deus já sabia e eu ignorava. Não fazia senão torturar-me, e isso me ia devolver à vida; morria, e ao mesmo tempo estava perto de ressuscitar; tinha perfeita

consciência de estar passando muito mal, mas não sabia como me sentiria bem pouco depois.

Fui ao jardim, como disse, e Alípio seguiu-me. Não me sentia menos só, apesar da sua companhia; mas como não havia ele de acompanhar-me, vendo-me tão afetado?

Sentamo-nos o mais longe possível da casa. Eu gritava interiormente, enfurecia-me com uma cólera terrível por não fazer as pazes com Deus; todo o meu corpo me empurrava a ir para Ele e a louvá-lo no mais alto dos céus. Não necessitava de naves nem de quadrigas, nem sequer de andar para chegar até Ele; a distância era menor do que a que havia entre a casa e o lugar em que estávamos no jardim, pois não somente o ir mas até o chegar não consistiam senão em querer – mas em querer firme e totalmente, não a meias, não desviando-me agora para um lado, depois para outro, sempre mudando, sempre hesitando entre a parte que se elevava para Deus e a que se arrastava pelo chão; não assim, mas totalmente.

Quando, por uma consideração profunda, arranquei do mais íntimo toda a minha miséria e a amontoei diante do meu coração, minha alma estalou numa enorme tormenta, arrastando uma chuva torrencial de lágrimas. Para descarregá-la aos gritos, afastei-me de Alípio – pareceu-me que era melhor estar só para chorar – e retirei-me tão longe quanto pude, a fim de que a sua presença não me constrangesse. Ele bem o percebeu, porque disse-lhe qualquer coisa que denunciava o tom pesado de choro na minha voz.

Permaneceu quieto onde antes estivéramos sentados, totalmente surpreendido, e eu, não sei como, joguei-me debaixo de uma figueira e dei rédea solta às minhas lágrimas. Não com as mesmas palavras, mas com o mesmo sentido, disse a Deus muitas coisas como esta: *Senhor, até quando? Até quando, Senhor, estarás irado? Não queiras mais lembrar-Te das minhas maldades passadas!*

Sentia-me ainda preso a elas e gemia aos gritos: «Até quando, até quando continuarei a clamar: *amanhã, amanhã!* Por que não hoje? Por que não agora mesmo, e ponho fim a todas as minhas misérias?»

Enquanto dizia isto e chorava com amaríssimo arrependimento do meu coração, ouvi subitamente uma voz da casa vizinha, não sei se de menino ou menina, que cantarolava e repetia muitas vezes:

— Toma e lê, toma e lê.

Mudou-se-me de repente o rosto, e tentei recordar se havia algum jogo em que as crianças costumassem cantarolar algo de parecido, mas não me lembrava de ter ouvido nunca nada de semelhante. Contendo as lágrimas, levantei-me, interpretando essa voz como uma ordem divina para que abrisse o livro e lesse o que se me apresentasse. Pois ouvira dizer de Antão que, assistindo por acaso a uma leitura do Evangelho, e aplicando a si mesmo o que lera — *Vai, vende tudo o que tens, dá-o aos pobres e terás um tesouro nos céus; e depois vem e segue-me* —, convertera-se a Deus naquele mesmo instante.

Voltei rapidamente ao lugar em que Alípio estava sentado e onde eu deixara o livro do Apóstolo; tomei-o, abri-o e li em silêncio o primeiro trecho em que pus os olhos. Dizia assim: *Não andeis já em comilanças e bebedeiras; nem na cama fazendo coisas impúdicas; deixai já as contendas e rixas; e revesti-vos de Nosso Senhor Jesus Cristo, e não vos ocupeis da carne e de seus desejos.*

Não quis ler mais. Também não era necessário, pois quando terminei de ler esse parágrafo, dissipou-se toda a escuridão das minhas dúvidas, como se uma luz fortíssima me tivesse inundado o coração. Fechei o livro, marcando a passagem com o dedo ou com outro sinal qualquer e, já tranquilo, expliquei tudo a Alípio.

Pediu-me para ver o que eu lera; mostrei-lho, e deteve-se no trecho seguinte à passagem que eu lera e em que não havia reparado. Continuava assim: *Recebei o débil na fé*. Alípio aplicou-o a si próprio e mostrou-mo. Fortalecido com esse aviso, e sem nenhuma agitação interior nem dúvida alguma, abraçou essa determinação e bom propósito de uma maneira totalmente concorde com a sua vida – que já há tempos ultrapassava tanto a minha.

Entramos depois para ver minha mãe; contamos-lhe tudo, e ela encheu-se de alegria. Dissemos-lhe como sucedera, e ela saltava de alegria e cantava vitória, bendizendo a Deus, *que é poderoso para nos dar mais do que pedimos ou entendemos*; via que Deus lhe concedera em mim muito mais do que constantemente lhe pedia nas suas queixas lastimosas e chorosas.

De tal maneira Deus me converteu a Si que eu já não queria esposa, nem punha mais a minha esperança em coisa alguma deste mundo, porque vivia naquela regra da fé em que Deus me fizera aparecer em sonhos junto de minha mãe, havia tantos anos. Seu pranto converteu-se numa alegria muito mais abundante do que imaginara: uma alegria muito mais preciosa e casta do que aquela que poderia esperar dos netos que a minha carne lhe desse.

A NOVA VIDA
E A MORTE DE MÔNICA

CÂNTICO DE AGRADECIMENTO

Senhor! *Sou teu servo e filho da tua escrava. Quebraste os meus laços; oferecer-te-ei um sacrifício de louvor.* Que o meu coração e a minha língua Te louvem, e que *todos os meus ossos digam: Senhor, quem é semelhante a Ti?* Que o digam, e que Tu respondas e *digas à minha alma: Eu sou a tua salvação.*

Quem fui e como fui? Que houve em meus atos que não fosse mau; e quando não em meus atos, em minhas palavras; e quando não em minhas palavras, em meus desejos? Mas o Senhor foi bom e misericordioso comigo, pôs os seus olhos no meu abismo de morte, e esvaziou com a sua mão o poço de corrupção aberto no fundo da minha alma. E agora tudo consistia em deixar de querer o que eu queria, e em querer o que Deus queria.

Onde esteve durante tantos anos a minha liberdade? De que alçapão subterrâneo e profundo foi tirada num instante, para que eu inclinasse a minha fronte altiva sob o suave jugo de Deus, e pusesse aos ombros a sua carga leve, Cristo Jesus, meu auxílio e meu Redentor?

Como foi doce ver-me subitamente privado da doçura daquelas coisas que são nada! Quanto mais temia perdê-las antes, tanto mais me rejubilava agora por tê-las deixado; Deus, minha grande e verdadeira doçura, expulsara-as de mim. Ele as arrancara de mim, e em seu lugar entrava Ele, mais doce do que toda a doçura, mas não para a carne; mais luminoso e mais claro do que a própria luz, e ao mesmo tempo mais oculto do que qualquer segredo; mais sublime do que todas as honrarias, mas não para aqueles que buscam a sua própria honra.

Minha alma estava agora livre das devoradoras preocupações da ambição, do dinheiro, das paixões em que se revolvia, da sarna da sensualidade em que se coçava. Não fazia outra coisa senão falar de Deus, minha luz, minha riqueza, minha salvação, Senhor meu Deus.

ADEUS ÀS AULAS

Depois de considerá-lo na presença de Deus, preferi não romper aparatosamente com o ministério da minha língua de vã loquacidade, mas afastar-me pouco a pouco daquele mercado de charlatães. Deixaria as minhas aulas, porque não queria que esses meninos, que estudam não a Lei de Deus e a sua paz, mas mentiras e artimanhas forenses, continuassem a comprar de mim as armas para a sua guerra insensata. E como faltavam poucos dias para as *férias da vindima*, decidi enfrentá-los com paciência para terminar as minhas aulas como de costume, e, comprado por Deus, não mais voltar a vender-me.

Esta resolução, só a conheciam Deus e alguns amigos íntimos. Tínhamos combinado entre nós não dizê-lo a qualquer um sem mais nem menos, se bem que Deus, com o seu amor, perfurara com setas o nosso coração e cravara as suas palavras em nossas entranhas; ia destruindo o fardo da nossa preguiça, para que não voltássemos atrás; e inflamava-nos com força para que o vento da contradição, originado das *más línguas*, não nos apagasse, antes nos ateasse mais e mais.

Além disso, como a nossa conversão também teria os seus defensores, poderia parecer ostentoso não esperar pelas férias, já tão próximas. Se me retirasse antecipadamente do meu cargo público, tão conhecido por todos, poderia parecer que era para chamar a atenção e para despertar comentários sobre a minha conduta. E que bem podia trazer-me que comentassem e discutissem a minha decisão, senão que *falassem mal daquilo que é o nosso bem?*

Juntamente com tudo isso, ocorreu nesse mesmo verão que, devido ao excesso de trabalho, meus pulmões começaram a ressentir-se, e eu respirava com dificuldade; tinha dores no peito e não podia falar com voz clara e forte. A princípio, assustei-me um pouco, porque isso me obrigaria a deixar o meu trabalho ou a descansar, caso quisesse curar-me. Mas quando nasceu em mim e depois se firmou a decidida vontade de *descansar e ver que Deus é o Senhor*, alegrei-me por ter uma desculpa verdadeira que acalmasse o descontentamento dos pais dos meus alunos pela minha partida.

Cheio de alegria, suportei aqueles poucos dias – não sei se foram uns vinte – até que terminasse o ano letivo. Mas suportei-os muito a contragosto, porque já não me animava a ambição que antes tornava tolerável o meu pesado trabalho; e não teria resistido se a paciência não tivesse desempenhado em mim o papel que antes representava a ambição.

Talvez alguém diga que errei ao continuar sentado nessa cátedra da mentira, apesar de já ter o coração cheio do desejo de servir a Deus. Talvez tenham razão; não me apetece discuti-lo. Apenas sei uma coisa: que o Senhor misericordioso perdoou e apagou também este meu erro, juntamente com tudo o mais, com todos os meus pecados habituais e horríveis, na água santa do Batismo.

SAUDADE DOS AMIGOS

Verecundo estava preocupado e angustiava-se, pensando no que seria de nós; via que tinha de abandonar o nosso grupo devido às suas obrigações matrimoniais. Apesar de não ser cristão, estava casado com uma mulher que tinha fé; e era precisamente nela que encontrava o maior obstáculo para seguir o modo de vida que nós empreendêramos; não queria ser cristão, dizia, se não era para viver como nós vivíamos – e isso lhe parecia impossível por estar casado.

Apesar disso, ofereceu-nos com toda a generosidade a sua fazenda, para que vivêssemos nela todo o tempo em que continuássemos em Milão. O Senhor lho premiará no dia da recompensa dos justos, juntamente com a graça que lhe concedeu: quando já estávamos em Roma, adoeceu, e durante a doença fez-se cristão, e pouco tempo depois morreu. Assim, Deus teve misericórdia não somente dele, mas também de nós; para que, quando pensássemos no gesto de generosidade que este amigo teve para conosco, não nos atormentasse a dor insuportável de não poder contá-lo entre as ovelhas da grei do Senhor. Graças sejam dadas ao Senhor, nosso Deus; dEle somos; assim o indicam as suas palavras de ânimo e consolo. Ele é fiel cumpridor das suas promessas, e dará a Verecundo – em pagamento pela temporada que passamos na sua propriedade de Casicíaco, onde pudemos descansar do frio do mundo – a amenidade da eterna primavera do seu Paraíso; porque Deus lhe perdoou os pecados que cometeu sobre a terra e o *levou ao monte da abundância, monte de Deus, monte fértil.*

Como dizia, Verecundo estava angustiado; mas Nebrídio participava da nossa alegria. Apesar de também ele ter caído no pernicioso erro de pensar que a carne do Verbo, o Filho de Deus, é apenas uma aparência, já saíra dele; e apesar de não ter recebido ainda nenhum sacramento da Igreja de Deus, buscava sinceramente a verdade. Não muito depois da nossa conversão e do nosso batismo – talvez três ou quatro anos depois –, finalmente fez-se católico e serviu a Deus vivendo com a sua família na África, em castidade e continência perfeitas; por meio dele converteram-se à fé cristã todos os da sua casa.

Deus o livrou depois dos laços da carne, e vive agora no Seio de Abraão; seja o que for que se entenda por Seio de Abraão, ali vive o meu amigo Nebrídio, doce amigo meu e de Deus, filho seu por Ele libertado... Ali vive. Que outro lugar conviria a uma alma assim? Ali vive, tenho a certeza. Costumava perguntar-me muitas coisas sobre esse lugar, a mim, que era um ignorante. Já não me pode ouvir; agora já bebe diretamente da fonte de Deus com a sua boca espiritual, e bebe quanto pode da Sabedoria, segundo a sede que tenha, sem fim. Mas não creio que se embriague tanto com essa água que se esqueça de mim, quando o nosso Deus, que é a sua bebida, se lembra de nós.

Assim estávamos, pois. Por um lado, consolando Verecundo, que se sentia triste pela nossa conversão, sem que diminuísse por isso a nossa amizade; nós o animávamos a viver a fé no seu estado, isto é, na sua vida matrimonial. Por outro lado, esperávamos que Nebrídio se juntasse a nós; poderia ter vindo sem dificuldade alguma e esteve a ponto de fazê-lo.

Finalmente terminaram os dias de aulas, que me pareceram tantos e tão longos pelo desejo de estar livre e de descansar, e de cantar a Deus do mais profundo de mim mesmo: *A Ti diz o meu coração: Desejei o teu rosto; e o teu rosto, Senhor, buscarei.*

PREPARAÇÃO PARA O BATISMO

Chegou por fim o dia em que realmente ficaria livre da minha profissão de retórico, da qual já me libertara com o coração; e assim ocorreu. Deus tirou também as minhas palavras do lugar donde já tirara o meu coração; agradecia-Lho cheio de júbilo quando partia, com todos os meus, para a casa de campo de Verecundo.

Tudo o que escrevi nesse lugar ainda respira – como uma pausa na luta – a soberba da escola maniqueia, apesar de eu estar já a serviço de Deus. Provam-no os livros que produzi naquela altura*, discutindo-os com meus

---

(*) «Contra os filósofos acadêmicos», «A vida feliz», «A ordem», «O Solilóquio».

companheiros ou a sós comigo mesmo. Provam-no também claramente as cartas que troquei com Nebrídio, que estava ausente.

Falta-me tempo para recordar todos os grandes benefícios que Deus nos concedeu então! Além disso, tenho pressa em contar outros benefícios maiores. Vem-me à memória – e gosto de agradecê-lo ao Senhor – a lembrança das moções interiores com que Ele me instruiu, e a maneira como aplainou repetidas vezes os montes e colinas dos meus pensamentos, e como endireitou os meus caminhos tortuosos, e suavizou as minhas asperezas; e também como converteu definitivamente Alípio, meu irmão de coração, ao Unigênito de Deus, Jesus Cristo, Senhor e Salvador nosso.

Que exclamações as minhas, meu Deus, quando, novato no verdadeiro amor e ainda catecúmeno, lia os salmos de Davi – canções de fé, melodias de piedade que excluem qualquer espírito emproado – em companhia de Alípio, também catecúmeno, e de minha mãe, que se unira a nós*. Se o seu vestido era de mulher, a sua fé era forte e varonil, e revelava a serenidade da anciã, o amor da mãe e a piedade da cristã.

Que exclamações as minhas ao ler aqueles salmos! Como ateavam em mim o amor de Deus! Desejava recitá-los, se pudesse, ao mundo inteiro, para rebater a soberba do gênero humano, apesar de que se cantam em *todo o mundo* e não há *ninguém que se esconda do calor de Deus.*

(*) Parece que, além de sua mãe e de Alípio, estavam com ele o seu filho Adeodato, o seu irmão Navígio, alguns amigos e um aluno, Licêncio, filho de Romaniano de Tagaste.

O SALMO QUARTO

Com que dor amarga e veemente me indignava também contra os maniqueus, de quem agora me compadecia em extremo por não quererem admitir os sacramentos, os remédios, e se assanharem contra o antídoto que poderia curá-los do seu veneno! Teria querido agora que estivessem perto de mim e, sem eu o saber, me vissem e ouvissem os meus clamores quando lia o salmo quarto naquele ócio, e notassem os efeitos salutares que esse salmo produzia em mim: *Quando eu te invoquei, Tu me escutaste, Deus de minha justiça!, e na minha angústia desafogaste o meu coração. Compadece-te, Senhor de mim e escuta a minha oração.*

Sentia calafrios de temor, e ao mesmo tempo acendia-me em esperança e alegria na misericórdia de Deus Pai; e todos esses sentimentos manifestavam-se em lágrimas e clamores quando lia as palavras do Espírito Santo de Deus que, dirigindo-se a nós, nos diz: *Filhos dos homens, até quando sereis duros de coração? Por que amais a vaidade e buscais a mentira?* Sim, também eu amara a vaidade e buscara a mentira, mas o Senhor *já havia glorificado o seu Santo, ressuscitando-o dentre os mortos, e o sentara à sua direita,* donde havia de enviar, segundo a sua promessa, *o Paráclito, o Espírito da Verdade.* Na realidade, já o enviara, mas eu não o sabia; enviara-o, porque Jesus Cristo já fora glorificado, ressuscitando dentre os mortos e subindo aos céus.

A profecia grita assim: *Até quando sereis duros de coração? Por que amais a vaidade e buscais a mentira? Sabei que o Senhor já glorificou o seu santo.* Grita: *Até quando?* Grita: *Sabei.* E eu, tanto tempo sem sabê-lo, amando a vaidade e buscando a mentira. Por isso, quando li essa profecia, enchi-me de medo, porque via que estava escrita para aqueles que são como eu fora, porque as ilusões que eu tomava por verdade eram vaidade e mentira.

Extravasei muitos lamentos, duros e fortes, dorido pelas minhas recordações; oxalá os tivessem escutado os que ainda amam a vaidade e buscam a mentira, porque talvez assim se comovessem e abandonassem o erro, e Deus os teria escutado, porque *morreu* por nós *Aquele que intercede diante de Deus por nós.*

Meus desejos já não eram de coisas materiais, nem as buscava à luz deste sol com os meus olhos de carne – pois os que querem gozar das coisas de fora cedo acabam vazios, e perdem-se entre as coisas que olham, e fazem-se como elas caducos e velhos, e com o seu espírito faminto vão lambendo as suas falsas imagens do bem. Se desfalecessem de fome e dissessem: *Quem nos mostrará as coisas boas?*, nós lhes diríamos e eles nos ouviriam: *Foi impressa sobre nós a luz do teu rosto, Senhor!* Nós não somos a luz que *ilumina todo o homem*, mas somos iluminados por Deus, para sermos agora luz em Deus, nós que *outrora éramos trevas.*

Se vissem aquela luz interna e eterna que eu vi! E porque a vi gritava agora por não poder mostrá-la. Se ao menos me trouxessem o seu coração e me dissessem: *Quem nos fará conhecer as coisas boas?* Porque era ali mesmo, no meu coração – em que me afligia interiormente, em que oferecera em sacrifício o meu homem velho –, era ali que, iniciado o nascimento do meu homem novo, já confiava em Deus, e Deus começara a ser-me doce e a alegrar o meu coração.

E gritava ao ler estas coisas, e fazia-as minhas; e já não queria dissipar-me entre as riquezas da terra, devorando as coisas que são do tempo para ser depois devorado pelo tempo. Já tinha em mim, na eterna Simplicidade, outro trigo, outro vinho e outro azeite com que alimentar-me.

E o verso seguinte deste salmo quarto arrancava também um profundo grito do meu coração: *Na sua paz! No seu próprio ser!* E aquele outro, que diz: *Deitar-me-ei e dormirei em paz.* Quem poderá vencer-nos quando se cumprir a palavra que está escrita: *A morte foi mudada em vitória?*

Deus é infinitamente *o mesmo*, aquele que não muda, e nEle está o descanso que faz esquecer todas as fadigas: somente nEle, e em mais ninguém. E essa outra multidão de coisas que não são Ele, é nada; só Ele é.

Ao ler isto, inflamava-me e não sabia como falar a esses surdos ou mortos; eu tinha sido, e ainda era, o pior deles. Como um cão raivoso e cego, ladrara contra esses Santos Escritos que sabem a mel celestial e que são luminosos pela Luz de Deus. E consumia-me pensando nesses maniqueus que continuavam a ser inimigos destes Escritos.

Não posso lembrar-me de tudo o que pensei naqueles dias de descanso. Mas o que não esqueci – não quero deixar de dizê-lo – foi a dureza de um castigo que Deus me enviou e, simultaneamente, a rapidez admirável com que teve misericórdia de mim. Sofri de uma dor dos dentes do siso tão forte que não conseguia sequer falar. Ocorreu-me então dirigir umas palavras a todos os que estavam comigo, para que rezassem por mim a Deus, o Deus de toda a saúde. Passei-as a escrito numas tabuinhas de cera, e dei-lhas para que as lessem. E mal dobramos os joelhos com sincera devoção, a dor foi-se. Era fortíssima, e foi-se de repente. Assustei-me, confesso; nunca, desde a minha infância, experimentara algo semelhante.

Desta maneira Deus me deu a conhecer a sua misericórdia, no mais profundo de mim mesmo; e eu, alegre na fé, louvei o seu nome. Mas esta mesma fé não me deixava dormir tranquilo com o pensamento dos meus pecados passados: ainda não me haviam sido perdoados porque ainda não recebera o batismo.

O BATISMO

Pouco antes de terminarem as férias, fiz saber aos habitantes de Milão que buscassem para os seus estudantes outro «vendedor de palavras», porque decidira servir a Deus. Além disso, não poderia continuar a desempenhar o cargo dada a minha dificuldade de respirar e as dores no peito.

Também comuniquei por carta ao bispo, o santo varão Ambrósio, os meus erros antigos e a minha decisão atual, para que me indicasse que livros devia ler a fim de preparar-me e dispor-me melhor para receber uma graça tão grande como é o Batismo.

Mandou-me ler o profeta Isaías, talvez porque este anuncia de maneira mais clara que os outros o Evangelho e a vocação dos gentios para a fé. Como, porém, não o entendi já nas primeiras páginas e me pareceu que o resto seria igualmente obscuro, deixei-o, pensando em voltar a lê-lo quando estivesse mais familiarizado com as palavras divinas.

Quando chegou o momento em que devíamos dar os nossos nomes para sermos batizados, deixamos o campo e voltamos para Milão.

Alípio também quis batizar-se comigo, já revestido, por assim dizer, da humildade necessária para receber esse sacramento, e tão mortificado e dono do seu corpo que se atreveu a ir até Milão descalço, pelos caminhos gelados da Itália.

Unimos a nós o meu filho Adeodato, nascido do meu pecado, em quem Deus se derramara abundantemente: tinha quinze anos, e já a sua inteligência excedia a de pessoas muito mais velhas e mais sábias do que ele. Deus assim o enriqueceu, e eu lho agradeço, a Ele que é o meu Deus e o meu Senhor, criador de todas as coisas, poderoso para retificar todos os nossos extravios. Pois nada havia de meu nesse menino, a não ser o meu pecado. E se agora o educávamos segundo a Lei de Deus, era Deus quem no-lo inspirava, ninguém mais; foi a graça de Deus, essa é a verdade.

Escrevi um livro que se intitula *O mestre*; nele, quem dialoga comigo é Adeodato, e Deus sabe que todas as ideias que pus na boca do meu interlocutor eram dele, quando tinha apenas dezesseis anos. Pude comprovar nele muitas outras qualidades surpreendentes, mas era sobretudo a sua inteligência que me trazia admirado. Quem a não ser Deus pode ser o autor dessas maravilhas? O Senhor levou-o cedo da terra. Recordo-o agora com toda a serenidade. Não temo de maneira nenhuma pela sorte de um rapaz como ele; foi admirável sempre, quando criança e quando adolescente.

Adeodato uniu-se, pois, a nós na graça do batismo; e queríamos, portanto, instruí-lo na Lei de Deus.

Fomos batizados, e desapareceu de nós a preocupação pela vida passada.

Não me cansava, nesses primeiros dias, de considerar com inefável doçura interior os profundos desígnios de Deus para salvar o gênero humano. Quanto chorei com os hinos e cânticos, que tão suavemente ressoavam na voz da Igreja! Aquela voz penetrava nos meus ouvidos, e a verdade de Deus vertia-se em meu coração; ateava-se assim em mim o fogo da piedade, e eu me desfazia em lágrimas reconfortantes.

O CANTO NA IGREJA

Havia pouco que a Igreja de Milão começara a celebrar essa prática litúrgica, tão consoladora e edificante; e era grande o entusiasmo por parte dos fiéis, que cantavam com a boca e com o coração.

Cerca de um ano antes, não muito mais, Justina, mãe do jovem Imperador Valentiniano, passara a perseguir o bispo Ambrósio devido à heresia em que caíra, seduzida pelos arianos*. A multidão dos fiéis velava na igreja, disposta a morrer com o seu bispo, servo de Deus. Ali estava também minha mãe, sempre de ânimo resoluto, a primeira em tudo, desperta e orando; não vivia senão para orar. Nós, embora estivéssemos ainda frios, sem o calor do Espírito, sentíamo-nos emocionados ao ver toda a cidade surpreendida e preocupada.

(*) O arianismo foi sem dúvida a mais perigosa heresia dos tempos primitivos; seu fundador foi Ário († 336), sacerdote de Alexandria. Baseada numa desacertada e infeliz aplicação da filosofia platônica, negava que o Filho fosse igual ao Pai, considerando-o inferior.

Foi então que, para evitar que o povo se acabrunhasse de tristeza e tédio, se determinou que se cantassem hinos e salmos, de acordo com o costume das Igrejas orientais. Desde então e até hoje tem-se conservado este costume, e muitos já o imitaram, em quase todas as igrejas do mundo.

GERVÁSIO E PROTÁSIO

Pouco depois, Deus descobriu ao bispo Ambrósio, numa visão, o lugar em que jaziam os corpos dos mártires Gervásio e Protásio. Haviam permanecido incorruptos durante muitos anos, e agora eram trazidos à luz muito oportunamente, para fazer calar aquela fúria feminina e, ainda por cima, imperial.

Com efeito, descobertos e desenterrados, tratou-se de trasladar os corpos com todas as honras para a basílica, e no percurso foram curados diversos possessos, atormentados por espíritos imundos. Também um cidadão muito conhecido, que estava cego havia muitos anos, ao saber do motivo daquele alegre alvoroço entre o povo, deu um salto e pediu ao guia que o levasse para junto dos corpos dos mártires; ali chegando, pediu que o deixassem tocar o féretro com o lenço. No mesmo instante em que o retirou e colocou sobre os olhos, recobrou a vista. A notícia correu imediatamente por toda a cidade, e todos louvavam a Deus, emocionados e entusiasmados. E a Imperatriz Justina, apesar de não se ter convertido à fé salvadora, pelo menos apaziguou o furor contra nós.

Graças sejam dadas a Deus! Não entendo como nem de que maneira pude lembrar-me disto agora, para que eu também louve a Deus por estas coisas que, apesar de serem importantes, estavam completamente esquecidas. Apesar de desprenderem *tal fragrância os perfumes de Deus*, eu ainda não corria atrás dEle naquela altura; por isso chorava agora tantas lágrimas quando se cantavam os hinos e os salmos na basílica. Tinha suspirado tanto tempo por Deus, e agora já respirava a fragrância dos seus aromas; isto é, tanto quanto pode fazê-lo um estábulo, que é o que eu era.

A MORTE DE MÔNICA.
A SUA EDUCAÇÃO

Deus, que faz viver numa mesma casa os de um mesmo coração, associou-nos também Evódio, um jovem da nossa cidade. Tinha sido agente de negócios do Imperador; mas convertera-se e batizara-se antes de nós, e deixara os negócios do mundo para ocupar-se dos de Deus.

Passamos a viver juntos, e juntos pensávamos continuar a viver no amor de Deus, procurando o modo mais adequado de servi-lo. E estávamos de regresso para a África quando – encontrando-nos já em Óstia do Tibre – minha mãe faleceu.

Passo por alto muitas coisas, porque vou muito depressa. Louvo a Deus e dou-lhe graças pelas muitas coisas que deixo de mencionar. Mas não calarei o que a minha alma relembra daquela mulher que me gerou na carne e me fez nascer para a luz daqui, e que me gerou em seu coração para a vida eterna. Não contarei as suas graças pessoais, mas a graça de Deus nela; pois ela não se fez nem se educou a si mesma; foi Deus quem a criou, pois nem seu pai nem sua mãe sabiam o que chegaria a ser. Educou-a no temor de Deus o bastão de Cristo, a disciplina do Unigênito no seio de uma família fiel, membro digno da Igreja.

Mais do que o cuidado de sua mãe em educá-la, minha mãe elogiou sempre uma velha criada que já levara seu pai às costas quando criança, como costumam levá-las as moças mais crescidas. Como, além disso, era anciã e de costumes muito bons, era muito considerada pelos seus senhores naquela casa cristã; e por isso ocupava-se também com muito cuidado, como lho haviam encomendado, das filhas dos seus senhores; e, ao mesmo tempo em que as instruía cauta e prudentemente, vigiava-as com santa severidade. Fora das horas das refeições – elas comiam com muita moderação à mesa, com os pais –, mesmo que morressem de sede, não as deixava beber nada, nem mesmo água; dessa maneira atalhava um possível mau costume, e explicava-o com esta advertência: «Agora bebeis água porque não podeis beber vinho; mas quando estiverdes casadas e fordes donas da adega e da despensa, já não vos atrairá a água, mas deixar-vos-eis vencer pela bebida».

Com este modo de mandar e a autoridade que tinha para fazer-se obedecer, reprimia-lhes o apetite já nessa tenra idade, e amoldava-lhes a vontade de beber ao que considerava justo, para que depois não quisessem o que não o era.

Apesar de tudo, chegou a infiltrar-se em minha mãe – conforme ela própria me contou depois – um certo gosto pelo vinho. Seus pais mandavam-na todos os dias tirar vinho do tonel; depois de mergulhar e encher o jarro, e antes de passar o vinho para a garrafa, sorvia com a ponta dos lábios um pouco da superfície – não mais porque lhe sabia mal. Não o fazia por gostar do vinho, mas por essas exuberâncias estranhas e desmedidas próprias da idade, que fervem sob a forma de diabruras, e que as pessoas mais velhas costumam reprimir. Desta maneira, aumentando cada dia um pouco mais a pequena quantidade, acabou por adquirir o hábito de beber – pois *aquele que despreza as coisas pequenas pouco a pouco vem a cair* nas grandes –, ao ponto de chegar a esvaziar gulosamente taças inteiras.

Onde estava aquela sábia anciã, onde as suas severas proibições? Por acaso serviam para alguma coisa contra esse vício oculto? Mas, por mais que o pai, a mãe ou as amas estivessem ausentes, Deus estava presente: Ele, que é quem nos cria, e nos chama, e se serve das outras pessoas para conseguir algum bem para a saúde das nossas almas, como o fez então. E como foi que o fez? Pois bem... à maneira da sua oculta Providência: tirou de outra alma um duro e pungente insulto, qual ferro cauterizador, e com ele sarou numa só aplicação a ferida infectada.

Certo dia, a criada que costumava descer com minha mãe à adega indispôs-se com a sua jovem senhora e, estando ambas a sós, lançou-lhe em rosto um insulto ofensivo: chamou-lhe esponja seca. Humilhada pelo aguilhão, minha mãe compreendeu como era feio o seu costume, cortou-o instantaneamente pela raiz e não tornou a cair nele.

É verdade que muitas vezes os amigos nos pervertem pela adulação, enquanto os inimigos nos corrigem pelo insulto. Não nos aborrecemos porque nos corrigem, mas pela intenção com que o fazem. O que aquela criada pretendia era ofender a filha de sua senhora, não corrigi-la; e se lhe falou a sós, foi por acaso ou para que os seus senhores não a castigassem por não os ter prevenido da falta de minha mãe. Mas Deus, que governa os céus e a terra, torna úteis para os seus fins a turbulência da torrente e o curso devastador dos séculos; fez o bem a uma alma com a maldade de outra, para que ninguém, ao considerar estas coisas, se envaideça se este ou aquele se emenda por seu intermédio.

ESPOSA EXEMPLAR

Foi educada honesta e sobriamente, e sujeita mais por Deus a seus pais do que por seus pais a Deus. Ao alcançar a idade núbil, foi dada em casamento a um homem a quem serviu como a seu senhor, e esforçou-se por convertê-lo. Falava-lhe de Deus com a sua própria vida, pois se mostrava formosa, amável, prudente e admirável em tudo. Suportou-lhe tão pacientemente as infidelidades conjugais que jamais teve com ele a menor discussão por esse motivo; esperava que fosse tocado pela misericórdia divina, e que chegaria a crer em Deus e a fazer-se casto.

Meu pai era imensamente carinhoso, mas também muito irascível. Ela cuidava muito de não enfrentá-lo, não somente com fatos, mas até mesmo com a menor palavra. Só quando o via tranquilo e sossegado, e lhe parecia oportuno, é que lhe fazia ver o que tinha feito, se as suas irritações o tinham levado a passar da medida.

Outras mães de família, que costumavam ter maridos mais benignos do que o dela, apareciam vez por outra com sinais de golpes no rosto, e começavam a criticar a conduta dos seus maridos; mas ela punha-lhes a culpa de tudo em suas línguas. Lembrava-lhes brincando, mas no fundo seriamente, que, quando lhes haviam lido as chamadas tábuas matrimoniais, deviam tê-las considerado como um documento que as convertia em escravas dos seus maridos; e assim não se rebelariam contra os seus senhores.

As amigas de minha mãe sabiam como o meu pai era bruto, e surpreendiam-se de que nunca se tivesse ouvido dizer ou podido perceber, por qualquer sintoma, que Patrício maltratasse a sua mulher; nem que jamais tivessem brigado por questiúnculas domésticas. E perguntavam-lhe em confidência como é que isso era possível. Minha mãe explicava-lhes o modo que tinha de tratar o marido; e as que se decidiam a imitá-la alcançavam o mesmo resultado, e agradeciam-lho; as que não o faziam, continuavam a ser maltratadas e oprimidas.

Conseguiu também vencer completamente a minha avó, sua sogra, que a princípio estava de mal com ela por causa das intrigas das criadas. Com atenções e com uma contínua paciência e serenidade, conseguiu que minha avó dissesse espontaneamente a meu pai que fora por culpa das criadas mexeriqueiras que se rompera a paz entre ela e a nora, acabando por pedir-lhe que as castigasse. Meu pai puniu-as com açoites, não sei se para comprazer a minha avó, se para manter a disciplina familiar, ou ainda para conseguir o bom entendimento entre os seus. Minha avó fez saber às criadas que esses eram os prêmios que podiam esperar dela, se pretendiam agradá-la falando-lhe mal da sua nora. Nunca mais criada alguma se atreveu a fazê-lo, e as duas viveram em perfeita harmonia.

Esta boa serva de Deus, em cujas entranhas fui criado, recebera ainda outro grande dom: o de mostrar-se sempre conciliadora. Quando estava com uma pessoa que estivesse em desacordo ou brigada com outra, dizia-lhe somente coisas que contribuíssem para reconciliá-las, por terríveis que fossem as acusações que ouvia de uma parte ou de outra. Sabia que as inimizades costumam começar, e depois incham e se tornam indigestas, quando as amigas desafogam o veneno do seu ódio em amargas confidências contra a inimiga ausente.

Talvez me parecesse pequena esta virtude, se a minha triste experiência não me tivesse levado a conhecer inúmeras pessoas que não só repetem a alguém já irritado as afirmações do seu também irado inimigo, mas ainda acrescentam coisas que este não disse. Há em tudo isto um horrível contágio de malícia. Um homem dotado de sentimentos humanos não só deveria achar pouco procurar não excitar ou aumentar a inimizade, como deveria tentar extingui-la, falando bem dos outros. Assim atuava minha mãe, ensinada por Deus, seu mestre interior na escola do coração.

No final da sua vida, conseguiu ganhar para Deus o meu pai, e já não teve que lamentar nele, agora que era cristão, o que lhe tolerara quando era infiel.

Procurava servir a todos; quem quer que a conhecesse dava graças a Deus, e honrava-o e amava-o por causa dela, porque se percebia a presença de Deus em seu coração, manifestada nos frutos da sua vida santa. Foi *mulher de um homem só*, honrou os seus pais, cuidou do lar com todo o esmero, e tinha *como testemunhas de tudo isso as suas boas obras*; educou os filhos, voltando a sofrer as dores do parto tantas vezes quantas os via afastar-se de Deus.

Antes de morrer, cuidou de todos os que vivíamos juntos depois de batizados, como se fosse a mãe de todos; e serviu-nos como se fosse filha de cada um de nós.

CONVERSA A SÓS

Pouco antes de morrer – não sabíamos então que a sua morte fosse iminente –, encontrávamo-nos os dois a sós, apoiados numa janela que dava para um jardim interior da casa onde morávamos. Era em Óstia. Agora que penso nisso, vejo nesse encontro a mão de Deus. Ali estávamos, longe das pessoas, ela e eu, depois de uma viagem longa e fatigante, repondo as forças para iniciar a travessia para a África.

Começámos a conversar tranquilamente, *esquecendo-nos das coisas passadas e pensando somente no porvir*. Perguntávamo-nos como seria a vida eterna dos santos, da qual o Apóstolo diz que *nem olho algum viu, nem ouvido algum ouviu, nem passou pelo coração do homem* o que será. Voltávamos o nosso coração para a imensa catarata da *fonte da vida que está em Deus*, para que, inundados pela sua água, pudéssemos entender alguma coisa de uma realidade tão grande. Concluímos que o maior prazer dos sentidos não pode nem merece ser comparado com o que deve ser a felicidade eterna.

Cada vez mais entusiasmados, percorremos gradualmente todos os seres criados, até ascendermos ao céu, donde o sol e a lua enviam os seus raios à terra. E ainda nos elevamos mais: falando das obras de Deus e admirando-as, chegamos até às nossas próprias almas; passamos além, e continuamos a subir, até chegarmos a essa região da abundância sem fim, onde Deus apascenta eternamente Israel com o pastio da sua Verdade. Ali a vida é essa Sabedoria pela qual todas as coisas são, tanto as que foram como as que serão; sem que ela própria se faça a si mesma, pois é como sempre foi e sempre será; é até melhor dizer que nela não há *foi* nem *será*, mas somente *é*; porque é eterna, e *foi* e *será* não são eternos.

Enquanto assim falávamos e suspirávamos pela Sabedoria, quase chegamos a alcançá-la, num ímpeto do nosso coração. Mas logo depois, melancolicamente, deixamos esses dons do Espírito e voltamos ao vão ruído das palavras de cada dia – palavras que começam e que terminam, e que em nada se assemelham à Palavra de Deus, Senhor nosso, que é em si mesmo, que nunca envelhece, antes rejuvenesce todas as coisas.

Dizíamos: suponhamos que haja alguém em quem emudeça o desejo da carne, bem como as muitas fantasias e imagens da terra, da água e do ar; em quem se calem os céus, e a própria alma silencie e suba para além de si mesma, esquecida de si; em quem emudeçam os sonhos e as invenções da imaginação; em quem, por último, se calem completamente todas as vozes, todos os gestos, tudo o que, para suceder, precisa do tempo – pois todas essas coisas dizem a quem as escuta: *Não nos fizemos a nós mesmas, fez-nos Aquele que permanece eternamente.*

Se, depois de tudo isto, todas as coisas se calassem e escutassem Aquele que as fez, e só Ele falasse – não através delas, mas diretamente, de modo que a sua palavra fosse pronunciada, não através de vozes humanas, nem de anjos, nem de tronos, nem de enigmas que é preciso interpretar, mas por Ele próprio... Se, como agora, espiritualmente elevados e com o pensamento posto na Sabedoria eterna, esta contemplação perdurasse, e cessassem todas as visões que não se referissem a Deus, e somente a dEle nos atraísse, absorvesse e abismasse na alegria mais íntima, de maneira que a vida fosse sempre como esse momento de visão total pelo qual suspiramos: não seria isto aquele *entra no gozo do teu Senhor?*

Falamos de tudo isso, embora não com estas palavras nem do mesmo modo. E à medida que falávamos, todas as coisas deste mundo nos pareciam sem importância. E minha mãe disse-me então:

– Quanto a mim, meu filho, já não desejo nada desta vida. Não tenho nada a fazer aqui, nem sei para que continuo vivendo; já não espero nada deste mundo. Havia uma coisa pela qual desejava viver um pouco mais, e era ver-te cristão e católico antes de morrer. Deus já mo concedeu, mais do que esperava, pois já te vejo afastado das pobres satisfações mundanas e servindo a Deus. Que faço aqui ainda?

ÚLTIMO PEDIDO

Não me lembro bem do que lhe respondi; mas recordo que, passados cinco dias ou pouco mais, caiu de cama com febre. Certo dia, desmaiou e ficou completamente sem sentidos por algum tempo. Acorremos imediatamente e, assim que voltou a si, vendo o meu irmão Navígio e a mim, perguntou-nos:

– Onde estava eu?

E, percebendo que estávamos possuídos de tristeza, mandou-nos:

– Sepultareis a vossa mãe aqui.

Eu guardava silêncio e continha as lágrimas; meu irmão, porém, disse qualquer coisa que denotava o desejo de vê-la enterrada na sua pátria, e não em terra estranha. Ela, ouvindo-o, com a angústia refletida no rosto, olhou--o com ar de reprovação e, voltando-se para mim, disse-nos:

– Enterrai este corpo em qualquer lugar; não quero que vos preocupeis com isso. Apenas vos peço que vos lembreis de mim diante do altar de Deus, onde quer que estiverdes.

Após estas palavras, que mal pôde pronunciar, calou--se; agravou-se depois a sua doença e aumentaram as suas dores.

Comecei a pensar nas graças que Deus infunde no coração dos que lhe são fiéis, e nos frutos admiráveis que delas nascem. E alegrava-me e dava graças a Deus, recordando a grande preocupação que minha mãe sempre tivera com a sua sepultura, e como dera todos os passos para que fosse junto da de meu pai. Assim como tinham vivido sempre unidos, assim sempre quisera ter também a satisfação de que os homens pudessem recordar como, depois da sua viagem por mar, lhe fora concedido que uma mesma terra cobrisse ambos os consortes.

Eu não sabia quando esta pequena fraqueza desaparecera do seu coração, e alegrava-me e admirava-me de vir a sabê-lo desta maneira, ainda que já em nossa conversa junto à janela, quando dissera: «Que faço aqui ainda?», me tinha parecido que já não desejava mais morrer na sua terra.

Contaram-me depois que, um dia – já tínhamos chegado a Óstia –, falando com maternal confiança aos meus amigos do desapego da vida e do grande bem que é morrer, estes surpreenderam-se de ver tanta fortaleza numa mulher – era Deus quem lha tinha dado –, e perguntaram-lhe se não temia morrer e ser enterrada longe da sua terra. Respondeu-lhes:

– Nada está longe para Deus; e também não devo temer que, no fim dos tempos, Ele não saiba onde está o meu corpo, para ressuscitar-me.

Depois de nove dias de enfermidade, esta alma piedosa e santa foi libertada do seu corpo; tinha então cinquenta e seis anos, e eu trinta e três.

LÁGRIMAS DE DOR

Enquanto lhe fechava os olhos, uma imensa tristeza me invadiu o coração. Ia lançar-me a chorar; mas, estando a ponto de me saltarem as lágrimas, impedi-o, sofrendo indizivelmente com este esforço. Quando deu o último suspiro, meu filho Adeodato rompeu a chorar aos gritos, mas todos o fizemos calar. Eu também fazia agora calar o que de criança havia em mim, que me compelia a chorar com voz infantil, a voz do coração. Mas reprimi o pranto, pois pensávamos que não ficaria bem celebrar aquele enterro com queixas e gemidos de lástima, que servem antes para lamentar a infelicidade daquele que morre ou para manifestar o temor pela sua condenação. Mas nem a morte de minha mãe foi infeliz, nem ela morreu para sempre. Estávamos certos disso, porque assim o demonstrara a sua vida, porque a sua fé fora sincera, e por tantas outras coisas igualmente certas.

Que era então o que me doía tanto interiormente? Era o fim súbito do agradável e queridíssimo costume de vivermos juntos. Essa era a ferida tão recente, que me fazia sofrer tanto.

Repetia de mim para mim, cheio de consolação, o que minha mãe me dissera durante a sua última enfermidade, como se quisesse agradecer-me as pequenas atenções que tinha para com ela. Chamou-me «bom filho», e dizia-me, com todo o seu grande carinho, que eu nunca lhe dirigira nenhuma palavra dura nem nada que a ofendesse.

Este meu comportamento, com que quisera honrá-la como merecia, que era, meu Deus, em comparação com tudo o que ela fizera por mim? Por isso, agora que me via sem o seu grande consolo, sentia fazer-se-me em pedaços a alma, pois a minha chegara a ser uma só coisa com a dela.

Adeodato parara de chorar; Evódio foi buscar um saltério e começou a cantar um salmo; todos os que estávamos presentes lhe respondíamos: «Misericórdia e justiça te cantarei, Senhor».

Quando se soube o que se passava, acorreram muitos irmãos e piedosas mulheres; enquanto os da funerária preparavam as coisas para o enterro, retirei-me para o lugar que me parecia mais adequado, mas os meus amigos não quiseram deixar-me só. Falei com eles do que é habitual nessas circunstâncias. Com essa distração, suavizou-se a minha dor; como ninguém senão Deus podia vê-la, deviam pensar que eu não estava nada afetado. Somente Deus, ninguém mais, escutava de verdade a amargura da minha queixa. Eu reprimia aquela torrente de tristeza, que às vezes parecia ceder um pouco, mas que logo voltava a arrastar-me com o seu ímpeto, embora já sem fazer-me derramar lágrimas e sem que se me percebesse no rosto. Só eu sabia como tinha o coração oprimido. Incomodava-me muito que esse sentimento me dominasse até esse ponto; por outro lado, porém, é necessário que ocorram estas coisas: a natureza humana é assim. Queixando-me da minha própria dor, conseguia somente que uma nova dor me atormentasse, e assim redobrava a minha tristeza.

Quando chegou o momento de levar o corpo, acompanhamo-lo, enterramo-lo e voltamos sem derramar uma só lágrima. Nem mesmo enquanto rezávamos as orações e se oferecia por minha mãe o sacrifício da nossa Redenção, com o cadáver junto do sepulcro e antes de ser enterrado, como costuma fazer-se em Óstia, nem mesmo então chorei.

Estive durante todo esse dia muito triste, pedindo a Deus como podia – pois tinha a mente confusa – que curasse a minha dor. Mas Deus não o fazia, e parece-me que era para que me ficasse bem gravada na memória – ainda que só por este exemplo – a força do hábito, mesmo entre almas cujo trato não se alimenta de vaidades, mas da palavra da Verdade.

Pareceu-me que seria bom tomar um banho; pensei que me tiraria a tristeza da alma. Mas a verdade é que depois me encontrei tão triste como antes; meu coração não suou uma só gota da sua amarga tristeza.

Depois adormeci. Ao acordar, a dor era já mais leve. Só em meu leito, lembrei-me daqueles versos de Ambrósio:

> *Deus criador de tudo,*
> *governante do mundo,*
> *que vestis o dia de formosa luz*
> *e a noite de agradável sono,*
> *para que o descanso*
> *devolva ao corpo fatigado o seu vigor,*
> *e possa de novo trabalhar,*
> *e alivie as mentes cansadas,*
> *e liberte o peito da sua opressiva angústia.*

Mas voltava outra vez a pensar em minha mãe, nas conversas com ela, em como fora piedosa para com Deus, e sempre boa conosco. De repente, já não estava comigo. Senti novamente o desejo de chorar, por ela e por mim; e chorei todas as lágrimas que antes reprimira, e deixei-as correr quanto quisessem. Foram como um leito debaixo do meu coração, e assim pude descansar. Deus escutava-me, e ninguém mais que pudesse interpretar mal as minhas lágrimas.

Quem quer que leia estas linhas, interprete-as como quiser; e se julga que foi errado chorar a morte de minha mãe por apenas uma hora, pense que ela chorou por mim durante anos para que eu voltasse à vida – e não se ria. Pelo contrário, se a sua caridade é grande, chore também pelos meus pecados a Deus, Pai de todos os irmãos de Cristo.

ORAÇÕES PELA MÃE

Curado o meu coração daquela ferida, em que talvez possam reprovar-me demasiado afeto humano, derramo agora diante de Deus outras lágrimas muito diferentes: as que brotam da minha alma impressionada com o perigo por que passa todo aquele que morre.

Apesar de minha mãe, redimida por Cristo, ter vivido de tal modo que a sua vida e costumes foram um rendido louvor a Deus, não me atrevo a dizer que desde o seu batismo não tenha havido nela coisa alguma contrária à Lei de Deus. Porque a Verdade disse: *Quem chamar néscio ao seu irmão será castigado com o fogo do inferno.* Ai da vida dos homens, por santa que seja, se Deus a julgasse sem a sua misericórdia! Mas como sabemos que Ele não esmiúça até o último dos nossos erros, esperamos confiados que ocuparemos um lugar no céu. Pois quem enumera na presença de Deus os seus méritos, não faz outra coisa senão enumerar as graças recebidas de Deus.

Deixando de lado por um momento as boas ações de minha mãe, pelas quais dou graças, peço agora a Deus perdão pelos pecados dela. Creio que Ele fez com ela como lhe pedi; mas espero que confirme os meus desejos.

Antes de morrer, minha mãe não pensou em ter um enterro luxuoso, nem que embalsamássemos o seu corpo com perfumes custosos; não quis escolher um mausoléu nem lhe causou preocupação não ser enterrada na sua pátria. Nada disto nos pediu; quis somente que nos lembrássemos dela diante do altar de Deus, a quem servira em todos os dias da sua vida, pois sabia que no altar se oferece a Vítima santa, cujo sangue cancelou *a dívida que havia contra nós*.

Descanse em paz com o seu marido, o único que teve e a quem serviu oferecendo o esforço da sua paciência, a fim de ganhá-lo para Deus.

Que o meu Senhor e meu Deus mova os seus servos, meu irmãos; os seus filhos, meus senhores, a quem sirvo de todo o coração com a palavra e com a pena; para que todos os que leiam estas coisas se lembrem, diante do altar, de Mônica e de Patrício, seu esposo, por quem vim à vida. Faz, Senhor, com que se lembrem piedosa e carinhosamente dos que foram meus pais neste mundo, meus irmãos segundo a nossa Mãe, a Igreja Católica, e meus concidadãos na eterna Jerusalém, pela qual suspira o teu povo peregrinante; para que o pedido de minha mãe, no último instante da sua vida, seja atendido não somente pela minha oração, mas, com mais abundância, pelas orações de todos os que lerem estas *Confissões**.

(*) A primeira versão das *Confissões* encerrava-se aqui. Após a sua publicação, porém, o livro alcançou tal sucesso que Santo Agostinho, já Bispo de Hipona, foi instado a acrescentar mais um capítulo em que narrasse a sua vida nos doze anos que se seguiram à sua conversão. O próximo capítulo é, pois, um relato da sua luta interior e uma confissão da sua felicidade na verdadeira fé.

O HOMEM NOVO
E O HOMEM VELHO

DIANTE DE DEUS

Eis que amaste a verdade, porque *aquele que a pratica vem à luz*. Com esta confissão em meus escritos, quero praticar a verdade no meu coração diante de Deus e diante de tantas testemunhas.

Diante de Deus, está sempre a descoberto o abismo da consciência humana: que poderia haver de oculto em mim para Deus, por mais que eu não quisesse dizer a verdade? Conseguiria apenas ocultar Deus aos meus olhos, mas não poderia ocultar-me dos seus. Com as minhas confissões fica patente que não tenho razão alguma para estar satisfeito comigo, e por isso Deus me parece agora radiante, e me atrai, e o amo e o desejo a ponto de esquecer-me de mim, de repelir-me a mim mesmo para escolhê-lo só a Ele.

Como quer que seja, sou totalmente conhecido por Deus. A minha confissão não se faz somente com palavras e gritos vazios, mas expressa-se com palavras e gritos que me saem da alma. Deus sabe que é assim. Quando não me conduzo bem, dizer a verdade não é senão acusar-me a mim mesmo; e quando sou virtuoso, dizer a verdade não é outra coisa senão atribuir a Deus o mérito, porque é o Senhor *quem bendiz o justo*, e quem antes *torna justo o mau*.

A minha confissão, pois, na presença de Deus é silenciosa e não o é; é silenciosa por prescindir do ruído das palavras, mas não o é quanto ao afeto do meu coração. Não poderia dizer uma palavra sequer se Deus não a tivesse ouvido antes; e não poderia escutar nada vindo de mim próprio se Ele não me tivesse falado antes.

DIANTE DOS HOMENS

Mas para que tenho de confessar-me diante dos homens, como se fossem eles que me perdoassem os pecados? Os homens estão sempre dispostos a bisbilhotar e a averiguar as vidas alheias, mas têm preguiça de conhecer-se a si próprios e de corrigir a sua própria vida. Por que querem ouvir-me dizer quem sou, eles que não querem que Deus lhes diga quem e como são?

Por outro lado, como sabem que lhes digo a verdade quando falo de mim mesmo? *Ninguém conhece o coração do homem senão o espírito do homem que está nele*. Se Deus lhes falasse deles próprios, não poderiam dizer: «O Senhor mente». Então conhecer-se-iam a si próprios, e já não poderiam dizer sem mentir que é falso o que escrevo.

Mas, uma vez que *a caridade tudo crê* – refiro-me aos que estão unidos pelo amor –, confesso-me a Deus unido a Ele pelo amor, para que os homens o ouçam; apesar de não poder provar que digo a verdade, sei que me credes porque foi o amor que vos fez interessar-vos em ler com atenção as minhas confissões.

Quero, pois, explicar para que escrevo isto agora. A confissão que fiz dos meus pecados anteriores à conversão – que Deus já perdoou para tornar-me feliz, ao mudar a minha alma pela fé e pelos seus sacramentos – moveu os corações quando foi lida e ouvida; assim foi, para que ninguém adormecesse no desalento e dissesse: «Não posso!», antes despertasse para o amor e a felicidade, para a misericórdia e para a graça de Deus, que torna forte todo aquele que antes era fraco.

É com esta mesma intenção que confesso agora aos homens, diante de Deus, o que agora sou, e não mais o que fui. Há muitos que desejam saber como sou agora; porque, apesar de terem ouvido alguma coisa de mim, não escutaram a confissão plena e sincera do meu coração, único lugar em que realmente se guarda o que eu sou. Estão dispostos a conhecer-me porque o amor, que os torna bons, lhes diz que não minto quando confesso estas coisas de mim mesmo, e este mesmo amor é o que faz com que acreditem em mim.

O FRUTO DAS CONFISSÕES

Dar-me-ei a conhecer porque não é pequeno o fruto que pode produzir: *que sejam muitos os que deem graças a Deus por mim* e que rezem por mim; desejo que aqueles que me leiam se sintam movidos a amar o que Deus ensina, e a sentir dor do que lhes deve causar dor. Sei que o conseguireis com a vossa boa disposição de irmãos sem espírito de crítica; sei que, quando vos parecer bem alguma coisa do que escrevo, vos alegrareis por mim; e que, quando vos parecer mal, vos entristecereis por mim, porque sei que me quereis bem, quer aceiteis, quer recuseis o que vos conto.

É a estes que quero dar-me a conhecer. Para que vos agradem as minhas coisas boas e vos doam as más. As minhas coisas boas são obra e graça de Deus; as más são os meus pecados e o juízo de Deus por eles. Que vos enriqueçam as minhas coisas boas, e que as canções e as lágrimas destes corações de irmãos subam à presença de Deus como o incenso.

Que o Senhor, satisfeito com a vossa fragrância, *se compadeça de mim segundo a sua grande misericórdia*, por amor do vosso nome. Que não abandone a sua obra começada em mim, mas que acabe de corrigir as minhas imperfeições.

O fruto que agora desejo tirar das minhas confissões não se refere, pois, ao que fui, mas ao que sou hoje. Desejo dá-lo a conhecer não só diante de Deus, mas diante dos homens, dos meus concidadãos, que caminham comigo – alguns adiante, outros atrás –, e que são companheiros da minha vida; servos de Deus, meus irmãos, meus senhores, a quem Deus me manda servir se quero com Ele viver da sua vida.

Pouco nos ajudaria se Jesus Cristo nos houvesse mandado o espírito de serviço somente de palavra, sem no-lo ensinar com as obras; por isso eu também procuro viver com obras isto mesmo que escrevo; e faço-o sob a proteção de Deus, embora com grande perigo: a minha própria fraqueza, ainda que Deus já a conheça e, por isso, sustenha a minha alma sob as suas asas protetoras. Sou como uma criança pequena e débil, mas o meu Pai vive sempre e me ensina; Ele me trouxe à vida e me defende; Ele é tudo o que eu tenho, Deus onipotente, que está comigo muito antes de que eu estivesse com Ele.

Mostrar-me-ei a todos os meus irmãos, àqueles que meu Pai me pede que sirva; e direi, não quem fui, mas quem sou agora e o que ainda resta do que fui. *Mas nem eu me julgo.* Desejo, pois que me escuteis.

O AMOR DE DEUS

O Senhor é quem me julga; apesar de que *ninguém conhece o coração do homem senão o espírito do homem que está nele*, há algo no homem que nem sequer o seu próprio espírito conhece; só o Senhor conhece todas as coisas, porque foi Ele que as fez. Mesmo agora, apesar de não ser nada diante de Deus, de ser terra e cinza, sei coisas dEle que não sei de mim mesmo. Sei que Deus não pode ser tentado; mas, em troca, não sei quais são as tentações que eu vencerei, e quais não; a minha confiança deve estar somente em que *Ele é fiel e não permite que sejamos tentados acima das nossas forças*; além disso, *com a tentação dá também a força para resistir-lhe*.

Direi, pois, o que sei de mim, e também o que ignoro. O que sei, sei-o porque Deus mo deu a conhecer; o que ignoro, continuarei a ignorá-lo até que a minha escuridão e a minha noite se convertam em *meio-dia ante a luz de Deus*.

Não o digo duvidando, mas com toda a certeza: eu

amo o Senhor. Feriu-me o coração com a sua palavra, e eu o amei. Também o céu e a terra e tudo o que há neles me dizem que o ame, e continuamente o repetem a todos, para que ninguém possa esquivar-se. No entanto, Deus se compadece mais de uns do que de outros, e é mais misericordioso com uns do que com outros, porque assim o quer; caso contrário, seria como se o céu e a terra cantassem os seus louvores a Deus para surdos.

O que é que amo, quando amo a Deus? Não a beleza de um corpo, nem a formosura das coisas que perecem, nem a brancura da luz, tão agradável aos nossos olhos; ao amá-lo, não amo suaves melodias de diversas canções, nem a fragrância das flores, nem perfumes, nem aromas; ao amá-Lo, não amo comidas deliciosas e suculentas, nem corpos atrativos para serem abraçados. Não amo nada disso quando amo a Deus. E não obstante, quando o amo, amo uma certa luz, uma certa voz, uma como que fragrância, um alimento, um abraço; amo tudo isso quando amo a Deus – luz, voz, fragrância, alimento e abraço para o meu homem interior. NEle a minha alma vê uma luz que não se apaga; nEle ouve melodias infinitas; nEle se expande a fragrância de perfumes que não são dissipados pelo vento; nEle saboreia-se um alimento que nunca sacia; nEle o abraço é tão estreito e íntimo que nenhum cansaço o pode desfazer. Isso é o que eu amo, quando amo a Deus. E o que é *isso*?

OS CAMINHOS PARA DEUS

Perguntei-o à terra, e ela respondeu-me: «Não, não sou eu»; e todas as outras coisas da terra disseram-me o mesmo*. Perguntei-o ao mar e ao seu abismo e aos seus velozes répteis, e disseram-me: «Não, não somos o teu Deus; busca-o mais acima». Perguntei-o à brisa e ao ar que respiramos e aos moradores do espaço, e o ar disse-me: «Anaxímenes enganou-se**; eu não sou o teu Deus». Perguntei ao céu, ao sol e à lua e às estrelas, e responderam-me: «Não, também não somos nós o Deus que buscas». Disse então a todas essas coisas que estão fora de mim: «Apesar de não serdes Deus, dizei-me ao menos alguma coisa dEle, dizei-me alguma coisa do meu Deus!» E todas disseram-me com grandes brados: «Ele é quem nos fez!» A minha pergunta estava toda no meu olhar de admiração, e a resposta que me davam estava toda na sua própria formosura.

Dirigi-me então a mim mesmo e perguntei-me: «Tu, quem és?»; e respondi-me: «Um homem. Sou corpo e alma; corpo fora, alma dentro». Em qual dos dois devo buscar o meu Deus, a quem já buscara interrogando as coisas da terra até o céu, até onde chegaram a penetrar os meus olhos? É melhor, sem dúvida, a realidade interior; é a ela – como chefe e juiz – que os objetos exteriores, to-

---

(*) Neste ponto, Santo Agostinho começa a desenvolver o seu procedimento favorito para chegar a Deus. Esse itinerário da mente até Deus vai subindo por degraus progressivos. Começando a busca nas coisas exteriores, estas lhe respondem que não são o seu Deus e indicam que procure mais acima. Deixando a beleza do mundo, penetra em sua própria interioridade, nos sentidos, na memória, e estas ainda lhe indicam que deve prosseguir na sua busca. Por fim, no mais recôndito de sua alma encontra a Deus, que é exterior ao homem mas que, ao mesmo tempo, está presente no mais íntimo do seu ser. Por isso dirá logo mais adiante: «Tu estavas dentro, e eu estava fora».

(**) Anaxímenes, um dos primeiros filósofos, era natural de Mileto, colônia grega da Ásia Menor. Afirmava que o ar, a respiração, o sopro, era o Primeiro Princípio de tudo: da vida e dos seres corpóreos.

das as coisas do céu e da terra, comunicam os seus conhecimentos quando dizem: «Não somos Deus, Ele é quem nos fez!» O homem interior é quem conhece tudo isto com a ajuda do homem exterior.

Perguntei à totalidade grandiosa do universo pelo meu Deus, e respondeu-me: «Eu não o sou, mas Ele me fez». Será que a beleza do mundo não é patente a todos? Não fala a todos do mesmo modo? Os animais, pequenos e grandes, veem-na mas não podem perguntar-lhe nada porque não têm inteligência que julgue e que dirija os seus sentidos.

Os homens, sim, podem interrogar a natureza e *perceber através das coisas visíveis as coisas invisíveis de Deus*. Mas tornam-se escravos das coisas se a elas prendem o coração, e assim já não podem julgar; porque as criaturas não respondem àqueles que só perguntam, mas àqueles que, além de perguntar, podem julgar. Não é verdade que apareçam de uma maneira a uns e de outra a outros; mas, manifestando-se a todos da mesma maneira, são mudas para uns e eloquentes para outros; ou melhor, falam a todos, mas só as entendem aqueles que captam a sua voz exterior – o seu aspecto – com a verdade interior.

A verdade me diz: «O teu Deus não é o céu nem a terra, nem nada que seja corpóreo». Por esta razão, a alma é melhor do que os corpos; porque a alma dá vida à massa dos corpos, e por isso vivem; nenhum corpo pode fazer isso com outro corpo. Deus é para o homem a vida da sua vida.

Que é, pois, o que eu amo, quando amo a Deus? Quem é aquele que está assentado no mais alto da minha alma? Pelas escadas da minha alma subirei até Ele. Deixarei para trás essa força vital pela qual estou unido ao corpo e vivo, pois Deus não está neste princípio vital; se nele estivesse, estaria também *no cavalo e no mulo, que não têm inteligência*, mas que têm essa mesma força vital pela qual os corpos vivem.

Há outra força pela qual não somente vivo, mas também sinto na minha carne: o Senhor ma deu, dispondo que o olho visse e não que ouvisse; e que o ouvido ouvisse e não que visse; e assim com os demais sentidos: que cada um experimentasse o que lhe é próprio, segundo o seu lugar e função. Todas estas coisas, apesar de serem diferentes, realizo-as graças a uma só e única alma. Mas devo deixar para trás também esta alma, pois também a têm o *cavalo e o mulo*, também eles sentem por meio do corpo. Irei além, portanto, sem deter-me neste princípio vital da minha natureza; subirei gradualmente até Aquele que me fez.

OS TESOUROS DA MEMÓRIA

Chego por fim aos vastos campos e às profundas grutas da memória*, onde estão guardados os tesouros de incontáveis imagens de todo o tipo de coisas, ali armazenadas pelos sentidos. Ali está escondido tudo o que pensamos, às vezes aumentado, às vezes sintetizado, às vezes

---

(*) Inicia-se aqui uma série de reflexões sobre a memória, que tiveram e têm um grande valor para a psicologia experimental e como descrição da interioridade. No entanto, o que Santo Agostinho pretende é encontrar Deus através da memória. Para isso – e inspirando-se em sugestões da filosofia platônica – recorre ao fato de que todo o homem possui na sua memória e no seu ser um desejo de felicidade, que não pode ser saciado a não ser por Deus.

modificado; ali estão todas as coisas captadas pelos sentidos. Guarda-as todas a memória e ali ficam, e não foram sepultadas nem absorvidas pelo esquecimento.

O poder da memória é algo grande, que assusta. Isto é a alma, isto sou eu. Que sou? Que natureza sou? Sou vida intensamente variada e multiforme e imensa. Tanta é a força da memória, tanta é a riqueza da vida do homem, embora mortal, que se pode correr pelos seus campos e antros e incontáveis cavernas e se pode discorrer por todas as coisas, voar de uma a outras, aprofundar quanto se possa e, apesar de tudo, não encontrar o seu termo em lugar algum.

Mas também os animais e as aves têm memória, porque se não fosse assim não saberiam voltar para as suas tocas e para os seus ninhos, nem fariam muitas outras coisas como costumam, pois não poderiam ter costumes.

Deixarei então para trás a memória para chegar Àquele que me separou dos quadrúpedes e me fez mais sábio do que as aves do céu? Mas onde o encontrarei? Se o encontro fora da memória, será porque o esqueci; e se não me lembro de Deus, como poderei encontrá-lo? Aquela mulher que perdeu a dracma, buscou-a com uma candeia e a encontrou; se não se lembrasse dela, não a teria encontrado, porque, se não se lembrava dela, como poderia saber, ao encontrá-la, que era a mesma?

Que acontece quando perdemos um objeto e nos esforçamos por lembrar-nos onde o deixamos? Onde o buscamos senão na memória? E se por acaso nos oferecem uma coisa em vez de outra, rejeitamo-la até encontrarmos a que buscávamos; e quando no-la apresentam, dizemos: «É isto!», coisa que não diríamos se não a reconhecêssemos, e não a reconheceríamos se dela não nos lembrássemos. Mas, posto que a reconhecemos, isso significa que não desapareceu de todo, e a parte que estava retida buscava a outra parte que estava esquecida.

Não se pode, pois, dizer que nos esquecemos totalmente, pois lembramo-nos ao menos de ter esquecido, e não poderíamos de maneira nenhuma buscar o perdido se o tivéssemos esquecido totalmente.

A FELICIDADE ESTÁ NA MEMÓRIA?

De que modo posso então buscar o Senhor? Quando busco a Deus, busco a felicidade. Devo buscá-lo para que a minha alma viva, porque se o corpo vive da alma, a alma vive de Deus. De que modo posso buscar a felicidade? Não a possuirei enquanto não puder dizer: «Basta, aqui está». De que modo a busco? Como se voltasse a recordá-la após tê-la esquecido, mas sabendo que a esqueci? Ou talvez como aquele que deseja saber uma coisa que ignora por nunca ter sabido ou por tê-la esquecido ao ponto de esquecer-se de que a esqueceu.

A felicidade não é porventura o que todos desejam, não havendo ninguém que não a deseje? Onde conheceram a felicidade para querê-la assim? Onde a viram para desejá-la? Possuímos a sua imagem, é certo; mas não sei como.

Não sei como conhecemos a felicidade, e portanto ignoro sob que aspecto a conhecemos; por isso desejo vivamente saber se esse conhecimento reside na memória — porque, se for na memória, quer dizer que antes já fomos felizes*. Não me importa se isso é assim em todos individualmente, ou no primeiro homem, que pecou, e no qual todos morremos, e de quem todos nascemos com o pecado; isto, de momento, não me preocupa; o que me interessa saber é se a felicidade está na memória, porque com toda a certeza não a desejaríamos se não a conhecêssemos. Ao ouvir esta palavra, todos reconhecemos nela o que desejamos; e não pelo som da palavra, porque o que por ela se significa não é nem grego nem latino, é o que desejam possuir tanto gregos como latinos, e todos os homens de todas as línguas.

Portanto, todos conhecem a felicidade; e se se perguntasse a todos se desejam ser felizes, todos responderiam sem vacilar que sim, coisa que não poderia acontecer se a felicidade não estivesse já na memória de todos.

Será que a felicidade está na memória de modo semelhante a como Cartago, por exemplo, está na memória de quem a viu? Não, porque a felicidade não se vê com os olhos, porque não é algo corpóreo.

(*) Para Santo Agostinho, que adaptou e corrigiu a teoria platônica da reminiscência, não há ideias inatas. Platão admitia que as almas já tiveram uma vida anterior em outro mundo e lá conheciam todas as coisas. Ao receberem um corpo mortal nesta vida, esqueceram-se do que sabiam antes. Como nascem com esses conhecimentos em germe (ideias inatas), voltam a lembrar-se das coisas à medida que entram em contato com elas (teoria da reminiscência).

Para Agostinho, Deus, Mestre interior, ilumina as nossas almas para que conheçamos todas as coisas. Na passagem que comentamos, Santo Agostinho não dá uma resposta cabal sobre a origem da ideia de felicidade em cada homem. Só sabe que de alguma forma, pela iluminação divina, ansiamos por uma felicidade que não possuímos atualmente. São Tomás completará essa doutrina dizendo que todo o homem tem um *desejo natural* (que já nasce com ele) de felicidade.

A FELICIDADE ESTÁ NA ALEGRIA?

Será então da maneira como recordamos a alegria?* Talvez. Assim como recordo a minha alegria passada quando estou triste, também recordo a felicidade quando sofro e me sinto desgraçado. Por outro lado, não vi a alegria por nenhum sentido do corpo; nem a ouvi nem percebi o seu odor ou o seu sabor, nem a toquei jamais; mas experimentei-a na minha própria alma ao estar alegre, e seu rasto gravou-se na minha memória a fim de que pudesse recordá-la, umas vezes para desprezá-la, outras para desejá-la, conforme o objeto com que ma proporcionava. Noutros tempos rodeei-me da alegria que dão as coisas baixas e, ao lembrar-me agora, desprezo-a e rejeito-a; em outras ocasiões, busquei a alegria nas coisas boas e honestas, e ao relembrar-me agora, desejo-a.

Onde e quando fui *feliz* para poder recordar e amar e desejar essa felicidade? Pois não apenas eu, nem eu e uns poucos, mas absolutamente todo o mundo deseja ser fe-

---

(*) O bispo de Hipona desenvolve agora uma série de reflexões em torno da felicidade para chegar até Deus. Sua argumentação não é constituída por provas sistemáticas, mas por um conjunto de vias que nos encaminham para Deus. No entanto, essa forma literária em nada diminui o valor probatório das ideias.

A felicidade, dirá Agostinho, coisa que todos buscam ansiosamente, identifica-se com Deus, embora muitas vezes a coloquemos em coisas materiais e passageiras como o dinheiro, a fama, a honra, os prazeres. Mas estes desejos, ainda que totalmente satisfeitos, deixam sempre um travo de amargura e tristeza, como se pode constatar na vida de muitas pessoas.

O desejo natural de felicidade é uma espécie de instinto da natureza humana, uma atração para Deus, que Ele mesmo colocou em nós ao criar-nos. Por isso, só Ele pode satisfazer plenamente os anseios do coração humano. É nesse sentido que no princípio de suas *Confissões* Agostinho exclama: «Fizeste-nos para ti e o nosso coração está inquieto enquanto não descansar em ti».

liz – e não o quereríamos com tanta determinação se não estivéssemos certos de que a felicidade existe.

Se perguntarmos a dois indivíduos se querem ser militares, um talvez responda que sim, e o outro que não. Pelo contrário, se lhes perguntarmos se querem ser felizes, ambos, sem a menor vacilação, responderão que sim. E se um dos dois quer ser militar, e o outro não, querem-no apenas para conseguir a felicidade, porque uns encontram a alegria de uma maneira e outros de outra. Todos coincidem em querer essa alegria a que chamam felicidade. Mesmo que uns a consigam duma maneira e outros de outra, o fim a que todos desejam chegar é único: a alegria.

Longe de mim considerar-me feliz pelo mero fato de desfrutar de uma alegria qualquer. Há uma alegria que não se concede aos malvados, mas apenas aos que servem generosamente a Deus, que é a sua alegria. A própria felicidade não é senão gozar de Deus, para Deus e por Deus – isso é a felicidade, e não outra coisa. Os que pensam que a felicidade é outra coisa perseguem alegrias que não são verdadeiras, embora a sua vontade não se afaste de uma certa imagem da verdadeira alegria.

Não é totalmente correto afirmar, portanto, que todos queiram ser felizes, pois os que não querem gozar de Deus, que é a única felicidade, não querem propriamente ser felizes.

Ou poderia acontecer que todos quisessem ser felizes, mas, como *a carne deseja coisas contrárias ao espírito, e o espírito coisas contrárias à carne*, não fazem *o que querem*. Alguns conseguem o que podem, e com isso se contentam; e aquilo que afirmam não poder conseguir é devido a não o quererem tão intensamente quanto é necessário querê-lo para poder consegui-lo.

A FELICIDADE, A ALEGRIA NA VERDADE

Se perguntássemos a todas as pessoas se preferem a verdade ou a mentira, ninguém duvidaria em responder que prefere a verdade; da mesma maneira, ninguém hesita em dizer que quer ser feliz. A felicidade é a alegria na verdade; em Deus, que é a Verdade: *a nossa luz, a nossa salvação, o nosso Deus*. Todos desejam esta felicidade, todos querem esta vida, todos querem a alegria da verdade.

Conheci muitos que gostavam de enganar os outros; mas ninguém que gostasse de ser enganado. Onde conhecemos a felicidade, senão lá onde conhecemos a verdade? Amamos a verdade quando não queremos ser enganados; e quando desejamos a felicidade, não desejamos senão a alegria da Verdade. Amamos a verdade, e não a amaríamos se não existisse em nós certa ideia da verdade.

Por que, então não se alegram todos com a Verdade? Por que não são felizes? Porque se ocupam mais de outras coisas, de coisas que os tornam antes desgraçados do que felizes, porque se lembram pouco da Verdade. *Sobra já pouca luz*; caminhai, homens, correi!, antes que chegue a noite e as trevas vos envolvam.

Mas por que será que «a verdade gera o ódio»[*], e o nome de Deus, que diz a verdade aos homens, se torna seu inimigo? Como é possível isso, se os homens efetivamente amam a felicidade, que não é senão alegria na ver-

---

(*) Terêncio, *Andria*, v. 68.

dade, e da mesma maneira como não querem ser enganados, também não querem que se lhes diga que estão errados? E assim odeiam a verdade por causa das coisas que amam em lugar da verdade.

Amam a verdade quando os ajuda a triunfar; odeiam-na quando têm de sofrer por causa dela. Não querem ser enganados, mas gostam de enganar; por isso amam a verdade quando lhes é útil, e odeiam-na quando lhes é custosa. Mas a Verdade lhes dará o que merecem, desnudá-los-á mesmo diante deles; para eles permanecerá encoberta.

Assim, assim é a alma humana, assim; e apesar de ser desse modo, cega e enferma, indigna e suja, quer permanecer oculta e não quer que nada lhe seja ocultado; mas ficará a descoberto diante da Verdade, e a Verdade não se descobrirá para ela.

O ENCONTRO DE DEUS

Estendi-me demasiado nesta explicação da minha busca de Deus pela memória, apesar de que verdadeiramente só o encontrei nela. Desde que o conheço, não sei nada dEle que não seja recordado. Onde encontrei a verdade, ali encontrei a Deus, a própria Verdade que não esqueci desde que a descobri. Desde que o conheci, Deus permanece na minha memória, e nela o encontro quando me lembro dEle; e alegro-me com Ele. Estes são agora os meus prazeres, que Deus me deu por sua misericórdia, ao pôr os seus olhos na minha pobreza.

Onde o encontrei para conhecê-lo? Porque com certeza não estava na minha memória antes de o conhecer. Mas onde o encontrei para conhecê-lo, se não estava já em mim? Mas Ele não ocupa lugar nenhum; afastamo-nos e aproximamo-nos dEle, e apesar disso Ele não ocupa lugar.

Deus, que é a Verdade, dirige-se em toda a parte a todos os que o interrogam; e apesar de responder a todos os que o interrogam, responde a todos coisas diferentes. Deus responde claramente, mas nem todos entendem claramente. Todos perguntam o que querem, mas nem todos ouvem sempre o que querem. Ouve e obedece melhor a Deus quem não se preocupa de ouvir o que deseja, mas se esforça por querer o que Deus lhe diz*.

TARDE TE AMEI

Tarde te amei, Beleza tão antiga e tão nova, tarde te amei! Tu estavas dentro de mim e eu te buscava fora de mim.

Como um animal, lançava-me sobre as coisas belas que Tu criaste. Tu estavas comigo, mas eu não estava contigo. Mantinham-me atado, longe de ti, essas coisas que, se não fossem sustentadas por ti, deixariam de ser. Chamaste-me,

---

(*) Superando e levando ao cume as considerações sobre a busca de Deus através da memória e do desejo natural de felicidade, Santo Agostinho vem a dizer que, na procura de Deus, é Ele quem se adianta e vem ao nosso encontro. Deus quer que todos os homens se salvem e não nega a ninguém a sua graça, respondendo solicitamente a todos os que o invocam. Procura por nós continuamente, e continuamente está ao nosso lado e dentro de nós, pronto a escutar-nos e a responder a qualquer apelo que lhe façamos.

Mas, para que realmente o encontremos, é necessário procurá-lo com sinceridade de coração. E, apesar dos nossos erros e fraquezas, como as que teve Agostinho, temos de estar dispostos a retificar e mudar de vida, sempre que Deus no-lo peça, sem medo de aceitar a Verdade que liberta, com todas as suas consequências.

gritavas-me, rompeste a minha surdez. Brilhaste e resplandeceste diante de mim, e expulsaste dos meus olhos a cegueira. Exalaste o teu espírito e aspirei o seu perfume, e desejei-te. Saboreei-te, e agora tenho fome e sede de ti. Tocaste-me, e abrasei-me na tua paz.

TEM MISERICÓRDIA DE MIM

Quando aderir a Deus com todo o meu ser, já não haverá dor nem penas para mim; minha vida estará viva, cheia de Deus. E se agora ainda sou uma carga para mim mesmo, é porque não estou repleto de Deus, pois aquele que está repleto de Deus eleva-se.

As minhas alegrias passadas, que deploro, lutam contra a minha alegria de agora, por mais que isto me faça chorar, e não sei de que lado está a vitória. As minhas más tristezas combatem contra as minhas boas alegrias, e não sei de que lado estará a vitória. *Ai de mim, Senhor! Tem misericórdia de mim!*

Não oculto as minhas feridas; Deus é médico, e eu sou enfermo; Deus é misericordioso, e eu sou miserável. *Por acaso não é tentação, luta e peleja a vida do homem sobre a terra?* Agradam a alguém os aborrecimentos e as dificuldades? Deus nos manda suportá-los, não amá-los. Ninguém ama aquilo que suporta, ainda que queira suportá-lo. Porque, mesmo que se alegre de suportá-lo, preferiria que não houvesse nada a suportar.

Quando sofro coisas adversas, desejo as prósperas; quando gozo das coisas prósperas, temo que me sucedam as adversas. Qual é o meio termo entre estas situações, em que a vida humana não seja uma tentação, uma luta e uma peleja? Não existe.

Ai das prosperidades do mundo, mil vezes ai, pelo medo à adversidade e à perda de alegria que trazem consigo. Ai das adversidades do mundo, não mil mas um milhão de vezes ai, pelo desejo de prosperidade que causam, e porque é dura a adversidade, e porque pode falhar a paciência! Pois não é uma luta contínua a vida do homem sobre a terra?

Toda a minha esperança, meu Deus, se apoia na tua grande misericórdia! Dá-nos o que mandas e manda-nos o que queiras.

Deus manda-nos viver a continência. E quando soube – diz o sábio – que *ninguém pode ser casto se Deus não lho concede, compreendi que também isto é sabedoria: saber de quem é este dom.*

Pela continência somos recolhidos e congregados na unidade, nessa unidade a partir da qual nos esparramamos por muitas coisas. Ama menos a Deus aquele que, ao amar alguma coisa, não a ama por Deus.

Amor, que sempre ardes e nunca te apagas! Amor, meu Deus, acende-me! Mandas-me viver a continência? Dá-me o que me mandas e manda-me o que queiras.

A TENTAÇÃO DA CARNE EM SONHOS

Deus manda-me que me abstenha *da concupiscência da carne, da concupiscência dos olhos e da ambição do mundo.* Mandou-me que me abstivesse do coito, e com relação ao matrimônio aconselhou-me algo melhor; e porque Ele me concedeu a sua graça, pude escolher este estado superior ao matrimônio, ainda antes de fazer-me sacerdote.

Mas ainda vivem na minha memória as imagens dessas coisas de que tanto falei, porque aí ficaram fixadas pelo meu costume; e apesar de não me aparecerem com pouca força quando estou desperto, em sonhos não somente me produzem prazer, mas chego a consentir nelas e até a fazer algo muito semelhante ao ato carnal. Será que não sou eu? Mas como é enorme a diferença entre um e outro eu, no momento de passar da vigília ao sono ou do sono ao estado consciente! Onde está essa razão que, quando estou desperto, resiste e vence essas seduções, e se mantém firme até quando se lhe apresentam as próprias realidades? Será que a razão fecha os olhos e dorme com os sentidos corporais? Como é possível então que muitas vezes, mesmo em sonhos, eu resista, lembrando-me do meu propósito, e permaneça castamente nele, e não faça a menor concessão às sugestões?

Não obstante, são tão diferentes esses estados que, apesar de consentirmos dormindo, quando acordamos volta a paz de consciência; a diferença que há entre estar dormindo e estar acordado nos convence de que realmente não fizemos aquilo que, de alguma maneira, lamentamos que tenha ocorrido em nós.

Por acaso a mão de Deus não é poderosa para sanar todas as fraquezas da minha alma, e apagar com mais abundância de graça os movimentos lascivos do meu corpo até quando durmo? O Senhor me aumentará cada vez mais a sua graça, para que a minha alma continue em direção a Deus, livre da pegajosa concupiscência; e para que não se rebele contra si mesma, e nem mesmo em sonhos realize, devido às imagens carnais, essas vis torpezas que chegam até à poluição da carne, e deixe de consentir nelas. Não é grande coisa para o Onipotente – *que pode realizar mais do que lhe pedimos e entendemos* – fazer com que isso já não me produza prazer, ou o produza tão pouco que possa repeli-lo facilmente, mesmo em sonhos.

O que agora sou no meio das minhas fraquezas, já o disse ao meu bom Senhor, *alegrando-me com tremor* pelo que me deu; e choro pelo que ainda me falta, esperando que Ele cumprirá em mim a sua misericórdia até conseguir a completa paz, que em Deus manterá todo o meu ser, por dentro e por fora, *quando a morte for absorvida pela vitória.*

A GULA

Outra preocupação tem o dia, que oxalá lhe fosse suficiente. Temos de reparar as forças perdidas do corpo comendo e bebendo todos os dias, enquanto Deus não trocar os alimentos e a fome por essa maravilhosa saciedade eterna, e enquanto não vestir este *corpo corruptível com a incorrupção dos bem-aventurados.*

Mas agora a necessidade de ter de comer e de beber me é agradável, e devo lutar contra este prazer para não ser escravo dele, e o combato todos os dias com muitas mortificações, *reduzindo o meu corpo à servidão*; mas a minha mortificação se vê vencida pelo prazer. A fome e a sede são dolorosos; queimam e, como a febre, matam, se o remédio dos alimentos não vier em seu auxílio. Como os alimentos estão ao nosso alcance, graças ao consolo de

Deus que ajuda a nossa debilidade, satisfazer esta necessidade converte-se em algo verdadeiramente delicioso.

Deus me ensinou isto: que tome os alimentos para recuperar as minhas forças e satisfazer a minha necessidade. Mas logo que se acalmam os apelos da necessidade, e passo à satisfação que produz a saciedade, neste exato momento está o perigo de cair na concupiscência; esse mesmo passar é já um deleite, mas não há outro caminho por onde passar senão aquele pelo qual a necessidade nos obriga a ir. Apesar de a saúde ser o motivo pelo qual comemos e bebemos, acrescenta-se a essa necessidade uma perigosa satisfação, que muitas vezes pretende ir além: pede que lhe demos somente por prazer o que já demos à necessidade corporal para conservar a saúde e as forças.

Quanto basta para saúde, é pouco ainda para o desejo do prazer; e muitas vezes não se sabe se o que está pedindo atenção é o cuidado necessário do corpo ou antes uma artimanha do apetite sensual, que pede que o sirvamos. Diante desta incerteza, alegra-se a pobre alma e prepara a sua desculpa, contente com a dúvida e escondendo por detrás da desculpa o que é apenas satisfação do prazer. Procuro resistir a essas tentações todos os dias, e recorro a Deus e exponho-lhe as minhas dúvidas, porque o meu critério sobre estas coisas ainda não é seguro e firme.

Ouço a voz de Deus que diz: *Não entonteçais os vossos corações com comilanças e bebedeiras.* A bebedeira está longe de mim, e Deus terá piedade para que eu não caia nela; mas uma vez ou outra, sim, ter-me-ei deixado levar pelas comilanças. Deus terá misericórdia para que também isto se afaste de mim, porque *ninguém pode ser casto se Deus não lho concede*. Deus concede-nos muitas coisas quando rezamos; e tudo o que de bom recebemos antes de começarmos a rezar, recebemo-lo das suas mãos.

Nunca fui beberrão, mas conheci muitos beberrões que se tornaram sóbrios graças a Deus; portanto, é obra de Deus que não se tornem bêbados os que nunca o foram; é obra de Deus que continuem a não sê-lo os que antes já o foram; e é obra de Deus, finalmente, que uns e outros saibam a quem devem agradecê-lo.

Escutei outra coisa de Deus: *Não sigas os teus apetites e domina o teu prazer*. Devido à sua graça, ouvi-lhe também aquilo que tanto amei: *Nem por comermos teremos de sobra, nem por não comermos nos faltará*; isto significa que nem uma coisa me fará rico, nem a outra pobre.

Ouvi-lhe ainda outra coisa: *Aprendi a contentar-me com o que tenho, e sei o que é viver na abundância e o que é padecer necessidade. Tudo posso nAquele que me conforta.* Quem o diz é o Apóstolo Paulo, um soldado dos exércitos do céu!, não o pó que nós somos; mas Deus não deixa de lembrar-se de que somos pó, e que do pó da terra fez o homem, e que o homem é aquele que *se perdeu e foi encontrado*.

Nem sequer aquele que disse todas estas coisas sob o sopro da inspiração divina, e a quem quero extraordinariamente, pôde alguma coisa por si, porque também era pó. *Tudo posso* – disse ele – *nAquele que me conforta*.

Dá-me forças, meu Deus, para que eu também possa; dá-me o que mandas e manda-me o que queiras. Ele confessa ter recebido tudo, e *disso se orgulha no Senhor*.

Ouvi alguém que rezava assim: *Afasta de mim a concu-*

piscência e a sensualidade, e não me entregues ao desejo lascivo. Por aqui se vê que é Deus quem o concede, quando se faz o que Ele manda que se faça.

Deus, Pai bom, ensinou-me que *tudo é puro para os puros, mas que está mal comer dando escândalo*, e que *tudo o que Ele criou é bom*; e que *não se há de desprezar nada do que se recebe, mas dar graças*; e que *não é o que comemos que nos torna melhores ou piores diante de Deus*; e que *aquele que come não despreze aquele que não come, e aquele que não come não despreze aquele que come*. Foram estas as coisas que aprendi. Dou graças a Deus e louvo-o, porque é o meu mestre, e me faz ouvir e entender, e ilustra o meu coração!

Não tenho medo da imundície exterior das coisas, mas da imundície interior da minha concupiscência. Livra-me de toda a tentação, meu Deus. Sei que Noé comeu todo o gênero de carnes que se empregam como alimento, e que Elias comeu carne, e que João, que vivia uma admirável abstinência, nunca comeu carne de animais, mas eram os gafanhotos silvestres que lhe serviam de alimento. Pelo contrário, sei que Esaú foi enganado pelo desejo de umas poucas lentilhas; e que Davi teve de repreender-se a si mesmo uma vez por desejar água; e que o nosso Rei, apesar de nunca ter sido tentado com carne, foi-o com pão. E também que o povo eleito mereceu que Deus o repreendesse, não porque desejasse carne, mas porque murmuravam de Deus por terem fome.

Vejo-me continuamente em tentações semelhantes, e luto todos os dias contra a concupiscência do comer e do beber; não é coisa que se possa cortar duma vez, mediante a firme decisão de não recair, como pude fazer com o coito. No comer e no beber, é preciso ter como que um freio no paladar, que se puxe e se afrouxe com prudência. Quem não se deixa levar às vezes um pouco além do estritamente necessário? Quem nunca se deixa levar é um homem grande; que dê graças a Deus. Eu certamente não o sou, porque sou pecador; mas também dou graças a Deus porque *por meus pecados intercede diante de Deus Aquele que venceu o mundo*. Conto-me entre os membros débeis do seu corpo; os olhos de Deus viram a minha imperfeição, mas todos seremos inscritos no seu livro.

A ATRAÇÃO DOS PERFUMES

A atração dos perfumes não me preocupa excessivamente; quando não os tenho, não os busco; quando os tenho, não os rejeito, porque estou sempre disposto a carecer deles. Assim me parece, ao menos, apesar de que posso estar enganado.

Às vezes, deploro as sombras em que se oculta o poder do mal que está em mim. Escuridão tão extrema que, se a minha alma se pergunta que força tem, dificilmente crê na sua própria resposta, pois muitas vezes deixa de perceber aquilo que há nela, até que o vê por experiência. Ninguém deve sentir-se seguro nesta vida cheia de tentações, para não acontecer que, tendo passado do pior para o melhor, volte novamente do melhor para o pior. A única esperança, a confiança e a firme promessa é a misericórdia de Deus.

OS OLHOS

Falta ainda falar da voluptuosidade destes olhos de carne, da qual quero confessar-me. Oxalá Deus ouça esta minha confissão e tenha piedade de mim, e terminem logo as tentações da concupiscência da carne que ainda me incitam, apesar de eu gemer e desejar ardentemente ser libertado delas.

Os olhos desejam ver formas belas e distintas, cores luminosas e agradáveis. Não quero que a minha alma esteja dominada por essas coisas; quero que seja Deus a possuí-la, Ele que fez essas coisas. Obviamente são muito boas; mas o meu bem é Deus, e não as coisas. Todos os dias, enquanto estou acordado, tentam-me e não me dão um momento de sossego. A própria rainha das cores, a luz que banha todas as coisas que vemos, me acaricia e se insinua de mil modos, onde quer que eu me encontre durante o dia, mesmo que esteja entretido em outras coisas e não lhe preste atenção. Insinua-se com tal veemência que, se de repente desaparece, busco-a insistentemente e, se me falta por muito tempo, ponho-me triste.

Luz: aquela que Tobias viu quando estava cego e ensinava a seu filho o caminho da vida; aquela que o precedia com o seu amor e não o deixou extraviar-se! Esta é a verdadeira luz, e quantos a veem e amam se fazem uma só coisa na sua luz única.

A outra luz corporal a que me referia excita com a sua doçura atraente e perigosa a vida mundana dos seus cegos amantes. Mas quando através dela aprendem a louvar a Deus, o Deus criador de tudo o que existe, convertem-na num hino dedicado a Ele, e assim não são seduzidos pelos seus encantos. É desses que desejo ser.

Resisto à sedução da vista para que os meus pés não tropecem, esses mesmos pés com que devo percorrer os caminhos de Deus; levanto para Ele o olhar interior, para que *liberte os meus pés da armadilha dos caçadores*. Deus não deixará de mos livrar, pois não cessam de cair na armadilha. Sim, Deus não cessará de mos livrar, mesmo que eu continue a cair nos laços que estão dispostos por toda a parte, porque *Deus, que guarda Israel, não adormecerá nem dormitará*.

Que quantidade de coisas, com estilos e formas diferentes, em vestidos, calçados, vasos decorativos e outros objetos desse tipo; e quadros e representações, que vão muito além do necessário e do conveniente! Tudo isso, acrescentaram-no os homens aos atrativos dos olhos; buscam e manifestam fora deles o que sentem por dentro, e dentro de si abandonam Aquele que os criou, e destroem desta maneira o que são: obra de Deus.

Também por estas coisas louvo a Deus e lhe ofereço, como Àquele que me santifica, um sacrifício de louvor; porque a beleza, que através da alma passa às mãos do artista, vem daquela Beleza que está acima de todas as almas; e por ela suspiro dia e noite. Os que fazem coisas belas, e os que as admiram, tomam como modelo essa Beleza; no entanto, não se inspiram nela para usar dessas coisas. De qualquer forma, ela ali está; e se olhassem para esse Exemplo, não iriam mais longe, e *guardariam para Deus a sua fortaleza*, e não a dissipariam nas suas lascivas torpezas. Mesmo eu, que digo estas coisas e as julgo, me deixo enredar nas coisas belas; mas o Senhor me livrará – sim, Ele me livrará *porque a sua misericórdia está diante de mim*. Se caio miseravelmente, Deus me levanta misericordiosamente; algumas vezes, sem que eu o perceba, quando nem ainda tropecei; outras, com dor, quando já estava envolvido nessas coisas.

A CURIOSIDADE

É preciso acrescentar ainda outro tipo de tentação, muito mais perigosa do que a concupiscência da carne, que leva ao prazer de todos os sentidos; os que caem nela, morrem longe de Deus. Esta outra tentação mais perigosa consiste, não propriamente no prazer da carne, mas em experimentar carnalmente uma vazia e curiosa sensualidade, dissimulada sob o nome de conhecimento e ciência. Esta curiosidade, que consiste no desejo de conhecer – nela, os olhos ocupam o primeiro lugar –, chama-se na linguagem divina *concupiscência dos olhos*.

É próprio dos olhos ver; mas também usamos esta palavra quando nos referimos a conhecer alguma coisa por meio dos sentidos. Não dizemos: «ouve como brilha», nem «cheira como reluz», nem «prova como resplandece», nem «toca como reverbera»; a todas estas coisas referimo-nos com a palavra «olha». Não somente dizemos «olha como brilha» – o que é próprio dos olhos –, mas também «olha como soa», «olha que perfume», «olha que sabor», «olha como é duro». Por isso, aquilo que se experimenta em geral através dos sentidos chama-se *concupiscência dos olhos*, porque de todos os sentidos se diz *olhar* – coisa que é própria somente dos olhos – quando se trata de conhecer alguma coisa.

Percebe-se claramente quando o que se busca é o prazer, ou então a curiosidade dos sentidos. O prazer busca as coisas belas, que soam bem, as coisas suaves, que sabem bem, leves ao tato...; a curiosidade, pelo contrário, chega a buscar o oposto quando é movida pela tentação; não busca o sofrimento, mas o prazer libidinoso de experimentar e de conhecer. Mas que prazer pode haver em contemplar, por exemplo, um cadáver despedaçado, que horroriza? Apesar de tudo, as pessoas correm a vê-lo, jogado onde está, para se porem pálidas e tristes; fazem-no apesar de sonharem depois com ele, como se tivessem sido obrigadas a olhá-lo, ou como se o tivessem olhado por tratar-se de alguém famoso pela sua beleza; o mesmo se pode dizer dos outros sentidos, que não enumero aqui porque seria excessivamente longo.

É por este insano desejo que se explicam as exibições de monstros nos espetáculos circenses, bem como esse desejo de desentranhar determinados segredos que estão muito acima das nossas possibilidades, e cujo conhecimento de nada serve. Daqui provém igualmente esse perverso desejo de conhecer pelas artes mágicas. E daqui provém, finalmente, que se tente a Deus na própria religião, pedindo-lhe provas e prodígios – não para salvar alguém, mas somente pelo desejo de vê-los.

Nesta selva imensa, cheia de insídias e perigos, Deus, que me salvou e que me ajudou a fazê-lo, vê quantas coisas cortei e arranquei do meu coração. Não obstante, como posso atrever-me a dizer – enquanto na minha vida diária me vejo aturdido por toda a parte pelo ruído que faz ao meu redor toda a multidão das coisas –, como posso atrever-me a dizer que nenhuma dessas coisas me interessa, se depois posso olhar e cair numa dessas vazias curiosidades? É verdade que já não me apaixono pelo teatro, nem me preocupo por saber o horóscopo, e odeio todos esses sacrílegos ritos pagãos; mas com quantas tretas e astúcias cuida o inimigo de que eu peça ao Senhor uma prova, a esse Deus a quem devo servir humilde e singelamente! Suplico a Deus, pelo nosso Rei, e por Jerusalém, nossa pátria pura e casta, que, assim como estou agora longe de cair nessas coisas, assim elas se mantenham sempre e cada vez mais longe de mim.

Não é possível contar a multidão de miudíssimas e pequeníssimas coisas que todos os dias tentam a nossa curiosidade; e quem poderá contar também as muitas vezes em que caímos? Quantas vezes não toleramos os que contam tolices, a princípio para não ofender os outros, mas depois, pouco a pouco, encantados de escutá-los?

Já não assisto no circo às corridas de galgos atrás da lebre; mas no campo, quando lá vou alguma vez, esse tipo de caça atrai-me, e às vezes impede-me de pensar em coisas mais importantes, e faz com que me desvie do caminho. Não por causa do burro que me leva, mas pela inclinação do meu coração. Se, diante da minha fraqueza evidente, Deus não me obrigasse imediatamente a levantar-me e ir até Ele, ficaria mais vazio do que um tolo.

E que dizer das ocasiões em que, sentado em casa, me distraio com as lagartixas que caçam moscas ou com as aranhas que caçam os insetos que lhes caem nas redes? Embora sejam animais pequenos, não é igual o defeito? É verdade que depois louvo a Deus, Criador admirável e ordenador de todas essas coisas; mas antes, quando começo a distrair-me com elas, não o faço realmente com esse fim. Uma coisa é levantar-se, e outra não cair.

A minha vida está cheia de coisas deste tipo, e por isso a minha única esperança é a enorme misericórdia de Deus; pois quando o coração dá cabida a semelhantes coisas, e carrega tão grande quantidade de coisas vazias, acontece que nos distraímos frequentemente na oração e a interrompemos. E mal levantamos a voz do nosso coração a Deus para que nos ouça, não sei donde aparece, impetuosamente, uma caterva de pensamentos tontos que estorva algo tão importante como a oração.

Devemos considerar também isto como coisa sem importância? Ou haverá algo em que esperar, senão na misericórdia de Deus, já experimentada em nós desde que começou a mudar-nos? Deus sabe quanto me mudou, curando-me em primeiro lugar do meu desejo de vingança, para ser depois piedoso *comigo em todas as minhas outras misérias*, pois curou-me *de todas as minhas enfermidades*, e tirou *a minha vida da corrupção*, e premiou-me *com a sua misericórdia*, e saciou os meus *desejos com os seus bens*, e apagou a minha soberba com o santo temor de ofendê-lo, e abaixou a minha altivez colocando-me o seu jugo, que levo agora, e que é suave e leve, porque assim o prometeu e cumpriu; e assim foi sempre, na realidade, mas eu não o sabia e por isso tinha medo de submeter-me a Ele.

O ORGULHO

Mas o Senhor, que é o único que manda sem despotismo, porque é *o único Senhor* verdadeiro que não tem senhor... por acaso o Senhor deixou-me ou pode deixar-me o terceiro tipo de tentação por toda a vida?

Consiste em querermos ser considerados e respeitados somente para conseguir uma alegria que não é a verdadeira, e que só proporciona um viver miserável e uma estúpida jactância. Daí vem principalmente que não se ame nem se tema a Deus, e que Ele *resista aos soberbos e dê a sua graça aos humildes*, e mande os trovões da sua ira contra as ambições mundanas, e tremam os *fundamentos dos montes*.

Em certas ocasiões, devido ao modo como está organizada a sociedade, é-nos necessário ser respeitados e considerados pelos outros. Por isso, o inimigo da nossa verdadeira felicidade promove e espalha por toda a parte estas palavras de aplauso: «Bem, bem!». Pretende que caiamos como uns incautos quando as recolhemos com avidez, e deixemos de pensar em Deus, nossa alegria, e ponhamos a felicidade nas mentiras humanas, e desejemos ser respeitados e considerados, não por Deus, mas em lugar dEle. Assemelhando-nos assim ao nosso inimigo, é ele que passa a sustentar-nos, não para vivermos na concórdia própria do amor, mas para sermos companheiros do seu castigo – ele que decidiu pôr o seu trono no vento Aquilão, para que os seus seguidores o sirvam nas trevas gélidas; ele que quis fazer-se igual a Deus por caminhos perversos e retorcidos.

Nós, pelo contrário, Senhor, somos o teu pequeno rebanho; Tu nos possuis. Estende as tuas asas para que nos refugiemos debaixo delas. Tu serás a nossa glória; ama-nos e faz com que cumpramos os teus preceitos.

Aquele que quer ser louvado pelos homens, apesar de acusado por Deus, não poderá ser defendido pelos homens quando Deus o julgar, porque não se deve aplaudir *os desejos da alma do pecador, nem se deve louvar aquele que faz o mal*. Quando se louva um homem por qualquer dom que Deus lhe deu, e ele se alegra mais por ser louvado do que por ter esse dom, também isso vai contra o querer de Deus, embora se conduza melhor aquele que louva do que aquele que é louvado: quem louva, alegra-se de que num homem se dê um dom de Deus; quem recebe um louvor, porém, alegra-se mais com o louvor do que de ter recebido esse dom de Deus.

Cada dia somos tentados com tentações parecidas, e sem cessar. O forno em que todos os dias são cozidas as tentações do louvor é a língua humana. Deus nos pede que também nisso sejamos mortificados. Dá-me, Senhor, o que mandas e manda-me o que queiras.

Deus conhece as queixas do meu coração nesta matéria; dirijo-as a Ele com as minhas lágrimas. É-me difícil saber quanto me limpei desta lepra, porque temo muito os meus pecados ocultos, que estão patentes aos olhos de Deus, mas não aos meus. Em qualquer outro tipo de tentações posso examinar-me a mim mesmo; mas nesta tentação a possibilidade é quase nula.

Com relação ao prazer da carne e à frívola curiosidade de saber, bem posso ver a felicidade que alcancei ao abster-me dessas paixões, quer voluntariamente quer por não tê-las diante de mim. Com relação às coisas, posso examinar-me quando me custa muito ou pouco carecer delas. Quanto à riqueza – que se costuma desejar para pô-la a serviço de uma das três concupiscências ou de todas –, se a alma não sabe se a despreza enquanto a possui, pode fazer a prova abandonando-a.

Mas com relação aos louvores, devemos por acaso entregar-nos à má vida, e ser tão perdidos e pérfidos que todos os que nos conheçam nos detestem, para assim evitar os elogios e experimentar o que de verdade podemos e somos neste ponto? Que maior loucura poderia ser dita ou pensada?

Se costumam dirigir-se louvores a quem leva uma vida honrada, cheia de obras boas, não é por isso que devemos abandonar a vida honrada nem o seu companheiro obrigatório, o louvor. No entanto, não sei se posso suportar serenamente ou de má vontade a ausência de alguma coisa, enquanto não me vir privado dela.

Que hei de confessar a Deus sobre esta tentação? Que gosto de que me louvem? Mas ainda assim prefiro a verdade aos louvores. Se me perguntassem que preferiria ser, se um louco furioso, desatinado, mas recebendo louvores de todos, ou alguém cabal e firme na verdade, mas desprezado por todos, bem sei o que escolheria; portanto, não quereria que pelo aplauso alheio aumentasse a minha alegria diante de qualquer mérito meu. Mas a verdade é que a minha alegria não só aumenta com o louvor, mas também diminui com o desprezo.

Quando me sinto perturbado por esta minha fraqueza, ocorre-me uma desculpa cuja validade só Deus conhece, porque, quanto a mim, estou perplexo: Deus mandou-nos não somente a continência – que nos indica de que coisas devemos afastar o nosso amor –, mas também a justiça, isto é, em que coisas devemos pôr o nosso coração. Deus quer não somente que o amemos a Ele, mas também ao próximo. Ora, quando me alegro retamente com os louvores que me dirige uma pessoa inteligente, parece que me alegro pelo aproveitamento e esperanças de que dá mostras o seu talento; e, pelo contrário, entristeço-me com o erro que se comete, quando ao censurar-me desprezam o que é bom por não o conhecerem.

Quando medito diante de Deus, que é a Verdade, vejo, pois, que não deveriam afetar-me os louvores pelo que se refere a mim, mas pelo que podem trazer de útil ao próximo; mas não sei se é realmente assim, pois nisto Deus me conhece melhor do que eu. Se o que me move quando me louvam fosse um verdadeiro desejo de ser útil aos outros, por que então me incomoda menos o desprezo injusto por outra pessoa do que o desprezo por mim mesmo? Por que me fere mais a descarada ofensa lançada contra mim, do que aquela que é lançada na minha presença, com a mesma maldade, contra outro? Será que tampouco sei isso? Só faltava que dissesse que não o sei para acabar de enganar-me a mim mesmo, e para não dizer a verdade na presença de Deus, nem com o coração, nem com as palavras!

Afasta de mim, Senhor, esta insensatez do meu coração, para que as minhas próprias palavras não sejam para mim como *o azeite com que o pecador se unta e se lustra e se adula a si mesmo.*

VANGLÓRIA E AMOR PRÓPRIO

Sou pobre e mendigo; mas sou-o menos quando choro às escondidas, e me desprezo a mim mesmo, e invoco a misericórdia de Deus em socorro da minha miséria, pedindo-lhe que me leve a essa paz perfeita que jamais olhos arrogantes viram.

As palavras que são publicadas e as obras que são conhecidas por outros homens correm um grande perigo, devido ao desejo que todos sentimos de ser louvados. É uma tentação, realmente; e quando caio nela, e depois me repreendo a mim mesmo, o fato de me ter repreendido leva a envaidecer-me ainda mais totalmente. Muitas vezes chego a envaidecer-me de ter desprezado a vaidade; isto demonstra que realmente não a desejo eliminar, porque, se me envaideço de ter desprezado a vaidade, já não a desprezo mais.

Também existe dentro de nós, nascido desta mesma tentação, outro mal que torna vãos os que se comprazem em si mesmos, mesmo que desagradem aos outros e não tenham desejo algum de agradar-lhes.

Estas pessoas, ao comprazerem-se em si mesmas, desagradam a Deus, não só por considerarem bom o que não o é, mas também por se apropriarem do que é de Deus como se fosse deles. Se por acaso reconhecem que os seus dotes procedem de Deus, consideram-nos, porém, devidos aos seus próprios méritos e esforços. Ou, se reconhecem que as suas qualidades são devidas à graça de Deus e não ao seu esforço ou mérito, não as empregam em benefício dos outros, mas chegam até a invejar as qualidades e dotes dos outros.

Deus vê o temor do meu coração no meio de todos estes perigos e tentações; e sabe que me aflijo mais de ter de curar continuamente as minhas feridas do que de ser ferido.

SOB A LUZ DE DEUS

Alguma vez deixou a verdade de estar comigo, para indicar-me o que devo evitar e o que devo desejar na explicação da minha vida interior? Expus tudo como pude e, ao fazê-lo, pedi conselho à verdade.

Percorri o mundo com os sentidos; prestei especial atenção à vida do meu corpo e aos meus sentidos. Depois penetrei nas cavernas da minha memória, imensas extensões cheias de riquezas inumeráveis e de maravilhas diversas; estudei-as, e surpreendi-me; e apesar de não ter podido entender nada sem referi-lo a Deus, vi que nenhuma dessas coisas era Deus.

Eu, descobridor e explorador de todas elas, também não o sou: nem eu nem as faculdades com que as exploro.

Deus é a Luz que não se extingue; aquela que eu consultava sobre todas as coisas, se são, o que são, e como, e de quem ouvia o que me ensinava e me mandava. Isso mesmo faço-o agora, muitas vezes, e deleito-me nisso. E sempre que posso descansar das minhas obrigações, refugio-me neste prazer.

Em nenhuma das coisas que percorro, depois de consultar a Deus, encontro lugar seguro para a minha alma, senão em Deus; só nEle encontra sentido e unidade a diversidade das coisas.

Algumas vezes, Deus faz-me sentir um amor inusitado, uma espécie de doçura interior; se durasse muito, perderia todo o interesse por esta vida. Mas sob o peso das minhas misérias volto a cair nas coisas terrenas, e voltam a absorver-me as coisas de sempre, e fico preso a elas; e por mais que o lamente, mais me retêm. Tão forte é o poder do hábito! Posso estar aqui, e não quero; quero estar ali, e não posso; e sou um infeliz em ambos os casos.

Por isso expus a enfermidade dos meus pecados na sua tríplice concupiscência, e pedi a Deus que me sustentasse com a sua mão e me salvasse; olhei o resplendor da divindade com o meu ânimo apoucado e, confuso, disse a mim mesmo: «Quem poderá chegar até lá?» *Fui afastado do olhar de Deus.*

Deus é a Verdade que está sobre todas as coisas. Mas eu, na minha avareza, não queria perdê-la e, ao mesmo tempo, queria possuir também a mentira; como o mentiroso que não quer mentir muito para não perder a noção da verdade. Foi assim que perdi a Deus, porque Ele não quer ser possuído juntamente com a mentira.

O DEMÓNIO

Quem poderia eu encontrar que me reconciliasse com Deus? Devia ter recorrido aos anjos? Com que orações, com que gestos?

Ouvi dizer que muitos, esforçando-se por chegar a Deus, e não podendo consegui-lo por si mesmos, tentaram enveredar por esse caminho, e caíram no desejo obsessivo de experimentar visões extraordinárias, e por isso foram enganados. Buscavam a Deus no brilho da ciência, inchando o peito em vez de bater nele; e atraíram a si – porque tinham o coração parecido – os demónios *do ar*, conspiradores e cúmplices da sua soberba, que os enganaram com os seus poderes mágicos. Buscaram neles o mediador que os defendesse, e não o era: *era o demónio transfigurado em anjo de luz*, que atraiu com tanta força a soberba da carne porque não tem corpo de carne.

Eram eles mortais e pecadores, e quiseram reconciliar-

-se soberbamente com Deus, que é imortal e sem pecado. Convinha, porém, que o mediador entre Deus e os homens fosse simultaneamente semelhante a Deus e semelhante aos homens. Pois se não o fosse, não poderia ser o Mediador. Se se assemelhasse unicamente aos homens, estaria longe de Deus; e se fosse semelhante apenas a Deus, sendo imortal e sem pecado, estaria longe dos homens.

Aquele falso mediador pelo qual, segundo os secretos desígnios de Deus, a soberba humana mereceu ser enganada, tem apenas uma coisa de comum com os homens: o pecado. E outra, que ele desejaria que fosse comum com Deus: a sua aparência de ser imortal, por não estar revestido de carne mortal. Mas, como o *salário do pecado é a morte*, isso mesmo é o que o demônio tem de comum com os homens; portanto, com eles será condenado à morte.

CRISTO MEDIADOR

O verdadeiro Mediador, que a incomparável misericórdia de Deus revela aos humildes, e que Deus enviou para que, com o seu exemplo, aprendêssemos a verdadeira humildade, *aquele Mediador entre Deus e os homens*, o *homem Cristo Jesus*, apareceu entre os homens mortais e pecadores, o justo imortal; mortal como os homens e justo como Deus, para que, sendo Ele a recompensa da justiça, a vida e a paz, por meio dessa justiça unida a Deus fosse destruída a morte dos pecadores justificados, morte que Ele quis ter em comum conosco.

Este Mediador foi anunciado aos santos do Antigo

Testamento para que fossem salvos pela fé na sua futura paixão, como nós o somos ao crer nela, agora que já passou. Enquanto é Homem, é Mediador; enquanto é Verbo, não é menos do que Deus, mas igual a Ele, Deus de Deus e, com Ele, único Deus.

Como nos amaste, Pai bom, Tu que não perdoaste o teu Filho único, mas o entregaste à morte por nós, pecadores!

Como nos amou *Aquele que é igual a Deus*, ao fazer-se por nós *obediente até à morte, e morte de cruz; Ele, o único isento da morte dentre os mortos, que tinha o poder de dar a vida e de retomá-la!* Por nós fez-se diante de Deus vencedor e vítima; vencedor porque foi vítima. Fez-se diante de Deus sacerdote e oferenda; sacerdote, porque foi oferenda. Transformou-nos de escravos em filhos de Deus; e Ele, Filho de Deus, fez-se nosso escravo.

Por isso é fundada a minha esperança em Deus de que curará todas as minhas enfermidades por meio de Jesus Cristo, que está sentado à direita do Pai e intercede por nós; se não fosse assim, desesperaria. São muitos meus males e as minhas enfermidades, muitos e grandes; mas é maior o remédio de Deus. Se não se tivesse feito carne, se não tivesse habitado entre nós, teríamos podido pensar que o Verbo de Deus estava longe dos homens, e desesperaríamos. Mas não é assim.

Aterrado pelos meus pecados e pelo enorme peso minha miséria, angustiado interiormente, decidira retirar-me à solidão; mas Deus mo proibiu, e tranquilizou-me dizendo: *Cristo morreu por todos, para que os que viviam para si mesmos já não vivam senão para Aquele que morreu por eles.*

Abandono em Ti, Senhor, as minhas preocupações para que possa viver e *admirar as maravilhas da tua Lei*. Tu conheces a minha ignorância e a minha fraqueza; ensina-me e fortalece-me. Aquele que é o teu Unigênito, *em quem se encontram escondidos todos os tesouros da sabedoria e da ciência*, redimiu-me com o seu sangue. *Que não me caluniem os soberbos*, porque eu conheço bem qual foi o preço do meu resgate: a sua Carne e seu Sangue, que eu como e bebo, e que distribuo, e dos quais a minha pobreza deseja saciar-se juntamente com os que têm fome e se saciam, *os que louvam o Senhor, os que o buscam**.

(*) A versão definitiva das *Confissões* compreendia ainda três «livros», que se omitem nesta edição por se tratar de um comentário filosófico-teológico, excessivamente especializado, ao livro do *Gênesis*. Nesses capítulos, Santo Agostinho retifica mais uma vez as suas antigas concepções maniqueias sobre a Criação.

CRONOLOGIA

354 Nascimento de Aurélio Agostinho em Tagaste, a 13 de novembro.
365 Agostinho inicia em Madaura os estudos de gramática, língua grega e literatura.
370 Interrompe temporariamente os estudos e volta a Tagaste.
371 Passa a estudar retórica em Cartago, onde se faz maniqueu e vive em concubinato com uma mulher.
373 Nasce o seu filho Adeodato, «contra vontade, mas muito amado». Neste ano, lê o *Hortênsio*, de Cícero, e entusiasma-se pela filosofia.
374 Ambrósio, governador de uma província romana do norte da Itália e prefeito de polícia, vai a Milão para assegurar a ordem durante as eleições episcopais, bastante movimentadas na época. Acaba por ser aclamado bispo pelo povo, apesar de ainda não ter sido batizado.
375 Agostinho volta a Tagaste e passa a lecionar retórica.
376 Após a morte de um amigo, transfere-se para Cartago.
379 Teodósio torna-se Imperador do Oriente, reunificando o Império.
382 Agostinho escreve a sua primeira obra, *O belo e o conveniente*.
383 Encontro com Fausto, bispo maniqueu, e decepção profunda com o maniqueísmo. Em fins do verão, Agostinho viaja para Roma.
384 Mudança para Milão e encontro com Santo Ambrósio, a cujos sermões passa a assistir.
385 Voltando de um discurso de louvor ao Imperador Teodósio, no dia 10 de janeiro, comove-se profundamente ao ver um mendigo bêbedo. Tais incidentes vão preparando a sua conversão. Na primavera, sua mãe, Mônica, chega a Milão.
386 Em junho, Simpliciano conta a Agostinho a conversão de Vitorino. Após uma conversa casual com Ponticiano, que o deixa profundamente abalado, converte-se em julho; uma vez tomada a decisão de retificar a sua conduta, desaparecem todas as dúvidas intelectuais. Após o término das aulas, em setembro, retira-se com os amigos para Casicíaco, a fim de preparar-se para o batismo.
387 Em março volta a Milão, e, no dia 24 de abril, Agostinho, Adeodato e Alípio são batizados. Preparam-se para voltar para África; no caminho, em Óstia, falece Santa Mônica. Retornam a Roma, pois os portos estão bloqueados pelas tropas de Máximo, general romano que se insurgiu contra Teodósio.
388 Rompido o bloqueio, Agostinho e seus amigos retornam a Tagaste, onde estabelecem um grupo de vida comum. A partir daqui, a produção literária de Santo Agostinho será incessante; escreve obras de conteúdo filosófico, teológico e apologético, comentários á Sagrada Escritura, cartas e refutações dos erros heréticos.
390 Falecem Adeodato e Nebrídio.
391 Na primavera, Agostinho vai a Hipona, a convite de um agente imperial que deseja conhecê-lo e tomar parte no seu grupo. Todos se transferem para esta cidade, uma das

maiores e mais importantes do norte da África. Durante a Santa Missa, o bispo Valério expõe ao povo a necessidade de sacerdotes para ajudá-lo na sua tarefa pastoral. Agostinho é escolhido por aclamação pelo povo, e recebe a ordenação neste mesmo ano.

392 Trabalha nas tarefas pastorais da diocese, e ocupa-se da pregação, encargo que era então privativo dos bispos. Passa a defender a fé católica contra os donatistas, seita herética que se separara da Igreja em 312, e cujos adeptos eram maioria em Hipona. Agostinho será chamado por eles «o lobo mortífero que ameaça destruir o nosso rebanho», e escapará por um triz de um atentado.

395 É novamente aclamado na igreja: «Agostinho, bispo!», e sagrado bispo coadjutor de Valério. Morre Teodósio, e o Império divide-se definitivamente em Império do Ocidente e do Oriente.

396 Escreve as *Confissões*, que alcançarão um sucesso imediato.

399 Completa as *Confissões* com um capítulo sobre a sua vida após a conversão.

400 Começa a escrever, a par de numerosas outras obras, o *De Trinitate* (A Trindade), sua obra teológica mais importante, e que é fundamental até hoje na teologia trinitária. Só chegará a termina-la em 416.

410 Roma é saqueada peles visigodos liderados por Alarico, que ameaçam invadir também o norte da África; são detidos, porém, pela morte do seu chefe. Propaga-se a opinião de que o saque de Roma foi um castigo dos deuses pagãos, irritados contra o cristianismo; é preciso ter em conta que Roma nunca fora invadida desde 387 a.C., e que era considerada «cidade eterna» pelos pagãos.

411 Realiza-se em Cartago um Concílio de que participam 279 bispos donatistas contra 264 católicos; a figura de Santo Agostinho domina as discussões, e no fim decide-se pôr termo ao cisma. Reunifica-se a Igreja africana.

413 Agostinho inicia o *De civitate Dei* (A cidade de Deus), que terminará em 424. Esta é a sua obra filosófica mais importante. Nela refuta os polemistas pagãos que punham no cristianismo a culpa pela queda de Roma: «Roma não é eterna porque só Deus é eterno...»

426 Agostinho nomeia como sucessor o bispo Heráclio, e é aclamado na Basílica da Paz aos gritos de «Agostinho, vida!» Escreve *A graça e o livre arbítrio*, contra os hereges pelagianos, que minimizavam o papel da graça na salvação da pessoa, e as *Retratações*. Ao todo, entre 388 e 430, Agostinho escreveu mais de noventa obras importantes, além de cartas e sermões.

429 Na primavera, os vândalos chegam a África, a convite de Bonifácio, comandante do exército imperial. Pouco depois, voltam-se contra ele e devastam o norte da África, assenhoreando-se do país. Sob o comando de Genserico, sitiam Hipona, onde Bonifácio ainda lhes resistirá por quinze meses.
Santo Agostinho escreve ao bispo de Thiabe, Honorato: «Não devemos, por causa desses males incertos, cometer a culpa certa de abandonar o nosso povo... Temamos que se extingam, abandonadas por nós, as pedras vivas, mais do que a obra do incêndio que queima a estrutura dos nossos edifícios terrenos. Temamos a morte dos membros do Corpo de Cristo, privados do alimento espiritual, mais do que as torturas a que a ferocidade dos inimigos poderia submeter os membros do nosso corpo...»

430 Agostinho falece, na noite de 28 para 29 de agosto, na Hipona sitiada.

ÍNDICE

Apresentação 5

AS CONFISSÕES
   O poder de Deus 9
   Deus no homem e o homem em Deus 10
   Deus em toda a parte 10
   As perfeições de Deus 11
   Descansar em Deus 12

Infância e primeiras letras 15
   Nos alvores da vida 15
   Prenúncios de maldade 17
   Aprendi a falar 19
   Os jogos 19
   O adiamento do Batismo 21
   O grego e o latim 23
   A leitura dos clássicos 26
   A oratória 28
   Malícias da meninice 30
   Desordens da juventude 31

Adolescência 34
   Volta para «Babilônia» 34
   O furto 37

Os maniqueus e o sonho de Mônica 40
   Amores vazios 40
   O teatro 41
   A retórica 43
   O encontro com a filosofia 44

No maniqueísmo.. 46
Extravagâncias heréticas... 50
O sonho de Mônica.. 51
A resposta do bispo... 52

A morte de um amigo.. 54
Anos de erro... 54
Astrologia... 56
A morte de um amigo.. 58
O amor que nunca morre... 62
Elogio a Hiério... 65
As «categorias» de Aristóteles... 68

A caminho da conversão.. 72
Manes e Fausto... 72
A eloquência de Fausto... 75
A caminho de Roma... 79
Atacado de malária.. 81
Ilusões maniqueístas.. 83
Decepção com os alunos.. 86

Ambrósio, Mônica e Alípio... 88
Ambrósio de Milão... 88
Solicitude materna.. 90
A obediência de Mônica.. 92
As ocupações de Ambrósio... 93
A letra e o espírito... 95
O ato de crer... 97
A autoridade da Escritura.. 98
A alegria de ser pobre... 99
Alípio.. 101
Brincando com o fogo.. 104
Alípio e o roubo... 105
A integridade de Alípio.. 107
Nebrídio.. 109
A procura da Verdade... 109
Casamento e castidade.. 112
O pedido de casamento... 114
Projetos.. 115
O peso das paixões... 116
O temor da morte.. 117

Procurando a Verdade... 119
Ideia falsa de Deus.. 119
Problema do mal.. 121
A origem do mal.. 123

Ruptura definitiva com a astrologia	126
A luz interior e as coisas	130
Neoplatonismo e fé cristã	132
A eterna Verdade	135
A relatividade e a bondade das coisas criadas	136
A harmonia da Criação	137
Onde está o mal	139
Do visível ao invisível	139
Cristo, o único caminho para a Verdade	141
Dúvidas sobre Cristo	142
Sabedoria humana e sabedoria divina	145
Entre São Paulo e o platonismo	146
Hesitações	148
A conversão	**152**
A conversão de Vitorino	152
Alegria no céu pela conversão	156
Alegria na Igreja	158
O espírito e a carne	159
Os amigos de Ponticiano	162
Combate espiritual	166
A alma desobediente a si própria	169
O último assédio das paixões	171
A conversão: toma e lê!	173
A nova vida e a morte de Mônica	**177**
Cântico de agradecimento	177
Adeus às aulas	178
Saudade dos amigos	180
Preparação para o Batismo	182
O Salmo quarto	184
O Batismo	187
O canto na Igreja	189
Gervásio e Protásio	190
A morte de Mônica. A sua educação	191
Esposa exemplar	194
Conversa a sós	197
Último pedido	199
Lágrimas de dor	201
Orações pela mãe	205
O homem novo e o homem velho	**207**
Diante de Deus	207
Diante dos homens	208
O fruto das confissões	209
O amor de Deus	211

Os caminhos para Deus 212
Os tesouros da memória.. 215
A felicidade está na memória? 217
A felicidade está na alegria? 219
A felicidade, a alegria na Verdade 221
O encontro de Deus 222
Tarde te amei.. 223
Tem misericórdia de mim 224
A tentação da carne em sonhos 225
A gula.. 227
A atração dos perfumes 231
Os olhos.. 232
A curiosidade.. 234
O orgulho 237
Vanglória e amor próprio... 241
Sob a luz de Deus 242
O demônio.. 244
Cristo mediador 245

Cronologia... 249

ESTE LIVRO ACABOU DE SE IMPRIMIR
A 24 DE MARÇO DE 2025.